Des relations de l'homme avec les animaux inférieurs

Thomas Henry Huxley

Writat

Cette édition parue en 2023

ISBN : 9789359255521

Publié par
Writat
email : info@writat.com

SUR LES RELATIONS DE L'HOMME AVEC LES ANIMAUX INFÉRIEURS

Par Thomas H. Huxley

Multis videri potérite , majorem esso différenciation Simæ et

Hominis, quam diei et noctis; verum tamen salut, comparaison

institut inter summos Publicité Europae Heroes et Hottentottos

Caput bonae cracher degentes , difficile Sibi persuader ,

a eosdem habere natales ; vel si virginie noble aulicam ,

maxime comtam et humanissimam , conferre bon sperme homine

Sylvestre et Sibi relicto , vix augure posséder , hunc et

illam ejusdem esse espèce .- ' Linnaei Amoenitates Acad.

"Anthropomorpha."

LA question qui se pose à l'humanité – problème qui sous-tend tous les autres et qui est plus profondément intéressant que tout autre – est la détermination de la place que l'homme occupe dans la nature et de ses relations avec l'univers des choses. D'où est venue notre race ; quelles sont les limites de notre pouvoir sur la nature et du pouvoir de la nature sur nous ; vers quel but nous tendons ; Tels sont les problèmes qui se posent de nouveau et avec un intérêt intact pour tout homme né dans le monde. La plupart d'entre nous, craignant les difficultés et les dangers qui assaillent celui qui cherche des réponses originales à ces énigmes, se contentent de les ignorer complètement ou d'étouffer l'esprit enquêteur sous le lit de plumes d'une tradition respectée et respectable. Mais, à chaque époque, un ou deux esprits agités, dotés de ce génie constructif qui ne peut construire que sur des fondations sûres, ou maudits par un esprit de simple scepticisme, sont incapables de suivre la trace bien connue et confortable de leur pays . ancêtres et contemporains, sans se soucier des épines et des pierres d'achoppement, empruntent leur propre chemin. Les sceptiques aboutissent à l'infidélité qui prétend que le problème est insoluble, ou à l'athéisme qui nie l'existence de tout progrès ordonné et de toute gouvernance des choses : les hommes de génie proposent des solutions qui se transforment en systèmes de théologie ou de philosophie, ou voilées dans un langage musical qui suggère plus qu'il n'affirme, prend la forme de la poésie d'une époque.

Chacune de ces réponses à la grande question, invariablement affirmée par les partisans de son auteur , sinon par lui-même, comme étant complète et définitive, reste en haute autorité et en haute estime, que ce soit pendant un siècle, ou pendant vingt : mais Comme invariablement, Time prouve que chaque réponse n'était qu'une simple approximation de la vérité – tolérable principalement en raison de l'ignorance de ceux par qui elle a été acceptée, et totalement intolérable lorsqu'elle est testée par la connaissance plus large de leurs successeurs.

Dans une métaphore bien connue, un parallèle est établi entre la vie de l'homme et la métamorphose de la chenille en papillon ; mais la comparaison peut être plus juste aussi bien que plus nouvelle, si nous prenons pour terme antérieur le progrès mental de la race. L'histoire montre que l'esprit humain, nourri par un apport constant de connaissances, devient périodiquement trop grand pour ses enveloppes théoriques, et les fait éclater pour apparaître dans de nouveaux habits, tandis que la larve qui se nourrit et grandit, par intervalles, jette sa peau trop étroite et assume un autre, lui-même mais temporaire. En vérité, l'état imago de l'Homme semble terriblement lointain, mais chaque mue est un pas gagné, et il y en a eu beaucoup.

Depuis la renaissance du savoir, grâce à laquelle les races occidentales d'Europe ont pu entreprendre ce progrès vers la vraie connaissance, qui a été initié par les philosophes grecs, mais qui a été presque arrêté au cours de longues périodes ultérieures de stagnation intellectuelle, ou, tout au plus, de giration. , la larve humaine se nourrit vigoureusement et mue proportionnellement. Une peau d'une certaine dimension a été moulée au XVIe siècle, et une autre vers la fin du XVIIIe, tandis qu'au cours des cinquante dernières années, l'extraordinaire croissance de chaque département des sciences physiques a répandu parmi nous une nourriture mentale d'une qualité si nutritive et si stimulante. personnage qu'une nouvelle ecdysis semble imminente. Mais il s'agit là d'un processus qui s'accompagne souvent de nombreuses souffrances, de certaines maladies et débilités, ou, il peut s'agir, de troubles plus graves ; de sorte que tout bon citoyen doit se sentir tenu de faciliter le processus, et même s'il n'a qu'un scalpel pour travailler, d'atténuer au mieux ses capacités le tégument craquelé.

C'est dans ce devoir que réside mon excuse pour la publication de ces essais. Car on admettra qu'une certaine connaissance de la position de l'homme dans le monde animé est un préalable indispensable à la bonne compréhension de ses relations avec l'univers - et cela encore se résout, à long terme, en une enquête sur la nature et la proximité de l'homme. des liens qui l'unissent à ces créatures singulières dont j'ai esquissé l'histoire dans les pages précédentes .

L'importance d'une telle enquête est en effet intuitivement manifeste. Mis face à ces copies floues de lui-même, le moins réfléchi des hommes est conscient d'un certain choc, dû peut-être pas tant au dégoût devant l'aspect de ce qui ressemble à une insulte. caricature, quant à l'éveil d'une méfiance soudaine et profonde à l'égard des théories séculaires et des préjugés fortement enracinés concernant sa propre position dans la nature et ses relations avec le monde souterrain de la vie ; tandis que ce qui reste un vague soupçon pour les irréfléchis, devient un vaste argument, lourd des conséquences les plus profondes, pour tous ceux qui connaissent les progrès récents des sciences anatomiques et physiologiques.

Je me propose maintenant de développer brièvement cet argument et d'exposer, sous une forme intelligible pour ceux qui ne possèdent aucune connaissance particulière de la science anatomique, les principaux faits sur lesquels reposent toutes les conclusions concernant la nature et l'étendue des liens qui nous unissent au corps. le monde brut doit être fondé : j'indiquerai ensuite la seule conclusion immédiate qui, à mon avis, est justifiée par ces faits, et je discuterai enfin de la portée de cette conclusion sur les hypothèses qui ont été formulées concernant l'origine de l'homme.

Les faits sur lesquels je voudrais d'abord attirer l'attention du lecteur, bien qu'ignorés par beaucoup d'instructeurs déclarés de l'esprit public, sont faciles à démontrer et sont universellement acceptés par les hommes de science ; tandis que leur signification est si grande que quiconque y a dûment réfléchi ne trouvera, je pense, pas grand-chose qui puisse l'effrayer dans les autres révélations de la biologie. Je me réfère aux faits révélés par l'étude du développement.

C'est une vérité d'application très large, sinon universelle, que chaque créature vivante commence son existence sous une forme différente et plus simple que celle qu'elle finit par atteindre.

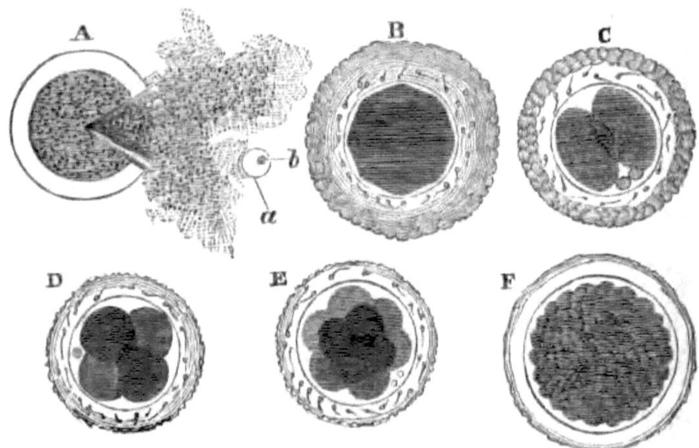

Fig. 13.—A. Egg of the Dog, with the vitelline membrane burst, so as to give exit to the yelk, the germinal vesicle (*a*), and its included spot (*b*).

B. C. D. E. F. Successive changes of the yelk indicated in the text. After Bischoff.

Le chêne est une chose plus complexe que la petite plante rudimentaire contenue dans le gland ; la chenille est plus complexe que l'œuf ; le papillon que la chenille ; et chacun de ces êtres, en passant de son état rudimentaire à son état parfait, traverse une série de changements dont la somme est appelée son Développement. Chez les animaux supérieurs, ces changements sont extrêmement compliqués ; mais, au cours du dernier demi-siècle, les travaux d'hommes tels que Von Baer, Rathke , Reichert, Bischof et Remak , les ont presque complètement démêlés , de sorte que les étapes successives de développement qui sont présentées par un chien, par exemple , sont maintenant aussi bien connues de l'embryologiste que le sont les étapes de la métamorphose du papillon du ver à soie en écolier. Il sera utile de considérer avec attention la nature et l'ordre des étapes du développement canin, comme exemple du processus chez les animaux supérieurs en général.

Le Chien, comme tous les animaux, à l'exception du plus bas (et des recherches plus approfondies pourraient sans doute éliminer l'apparente exception), commence son existence comme un œuf : comme un corps qui est, dans tous les sens, autant un œuf que celui d'une poule. , mais est dépourvu de cette accumulation de matière nutritive qui confère à l'œuf de l'oiseau sa taille exceptionnelle et son utilité domestique ; et veut la coquille, qui non seulement serait inutile à un animal couvé dans le corps de ses parents, mais lui couperait également l'accès à la source de cette nourriture dont la jeune créature a besoin, mais que le minuscule œuf du mammifère fournit. pas contenu en lui-même.

L'œuf de chien est en fait un petit sac sphéroïdal (fig. 12), formé d'une délicate membrane transparente appelée « membrane vitelline », et d'environ 1/130 à 1/120ème de pouce de diamètre. Il contient une masse de matière nutritive visqueuse — le « jaune » — à l'intérieur de laquelle est enfermé un deuxième sac sphéroïdal beaucoup plus délicat, appelé « vésicule germinale » (a). Là enfin se trouve un corps arrondi plus solide, appelé « tache germinale » (b).

L'œuf, ou « ovule », est formé à l'origine dans une glande dont, au moment opportun, il se détache et passe dans la chambre vivante équipée pour sa protection et son entretien pendant le long processus de gestation. Ici, soumise aux conditions requises, cette particule infime et apparemment insignifiante de matière vivante s'anime d'une activité nouvelle et mystérieuse. La vésicule et la tache germinales cessent d'être discernables (leur sort précis étant l'un des problèmes encore non résolus de l'embryologie), mais le jaune devient circonférentiellement échancré, comme si un couteau invisible avait été tiré autour de lui, et apparaît ainsi divisé en deux hémisphères (Fig.12, C).

Par la répétition de ce processus dans différents plans, ces hémisphères se subdivisent, de sorte que quatre segments sont produits (D) ; et ceux-ci, de la même manière, se divisent et se subdivisent à nouveau, jusqu'à ce que le jaune entier soit converti en une masse de granules, dont chacun consiste en un minuscule sphéroïde de substance de jaune, comprenant une particule centrale, appelée « noyau » (F). La nature, par ce processus, est parvenue à peu près au même résultat que celui auquel arrive un artiste humain grâce à ses opérations dans une briqueterie. Elle prend la matière plastique grossière du jaune et la brise en masses bien formées et de taille assez égale, pratiques pour s'intégrer dans n'importe quelle partie de l'édifice vivant.

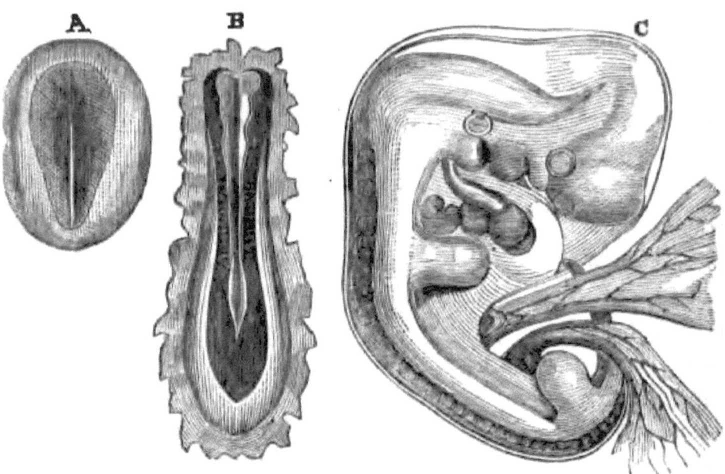

Fig. 14.—A. Earliest rudiment of the Dog. B. Rudiment further advanced, showing the foundations of the head, tail, and vertebral column. C. The very young puppy, with attached ends of the yelk-sac and allantois, and invested in the amnion.

Ensuite, la masse de briques organiques, ou « cellules », comme on les appelle techniquement, ainsi formée, acquiert un agencement ordonné, se transformant en un sphéroïde creux à double paroi. Puis, sur un côté de ce sphéroïde, apparaît un épaississement, et, peu à peu, au centre de la zone d'épaississement, une rainure droite peu profonde (Fig. 13, A) marque la ligne centrale de l'édifice qui est à relever, ou, en d'autres termes, indique la position de la ligne médiane du corps du futur chien. La substance qui délimite le sillon de chaque côté s'élève ensuite en un pli, rudiment de la paroi latérale de cette longue cavité, qui logera finalement la moelle épinière et le cerveau ; et dans le sol de cette chambre apparaît un cordon cellulaire solide, ce qu'on appelle la « notocorde ». Une extrémité de la cavité fermée se dilate pour former la tête (Fig. 13, B), l'autre reste étroite et finit par devenir la queue ; les parois latérales du corps sont façonnées à partir du prolongement vers le bas des parois de la rainure ; et d'eux, peu à peu, poussent de petits bourgeons qui, peu à peu, prennent la forme de membres. En observant le processus de façonnage étape par étape, on pense forcément au modeleur en argile. Chaque partie, chaque organe est d'abord comme pincé grossièrement et esquissé à l'état brut ; puis façonné avec plus de précision ; et seulement, enfin, reçoit les touches qui marquent son caractère définitif.

Ainsi, finalement, le jeune chiot prend une forme telle que celle représentée sur la figure 13, C. Dans cet état, il a une tête disproportionnée, aussi différente de celle d'un chien que les membres en forme de bourgeon sont différents de ses jambes.

Les restes du jaune, qui n'ont pas encore été appliqués à la nutrition et à la croissance du jeune animal, sont contenus dans un sac attaché à l'intestin rudimentaire et appelé sac du jaune, ou « vésicule ombilicale ». Deux sacs membraneux, destinés à servir respectivement à la protection et à la nutrition du jeune être, ont été développés à partir de la peau et de la surface inférieure et postérieure du corps ; le premier, ce qu'on appelle « l'amnios », est un sac rempli de liquide qui enveloppe tout le corps de l'embryon et lui joue le rôle d'une sorte de lit d'eau ; l'autre, appelé « allantoïde », se développe, chargé de vaisseaux sanguins, à partir de la région ventrale, et s'appliquant finalement aux parois de la cavité dans laquelle l'organisme en développement est contenu, permet à ces vaisseaux de devenir le canal en lequel le flux de nourriture, nécessaire pour subvenir aux besoins de la progéniture, lui est fourni par les parents.

La structure qui se développe par l'entrelacement des vaisseaux de la progéniture avec ceux du parent, et au moyen de laquelle le premier est capable de recevoir de la nourriture et de se débarrasser des matières usées, est appelée « Placenta ».

Il serait fastidieux et inutile pour le présent propos de retracer plus en détail le processus de développement ; il suffit de dire que, par une série longue et graduelle de changements, le rudiment ici représenté et décrit devient un chiot, naît, puis, par des étapes encore plus lentes et moins perceptibles, passe au chien adulte.

Il n'y a pas beaucoup de ressemblance apparente entre un poulet de ferme et le chien qui protège la basse-cour. Néanmoins , celui qui étudie le développement découvre non seulement que le poussin commence son existence sous la forme d'un œuf, essentiellement identique, à tous égards essentiels, à celui du chien, mais que le jaune de cet œuf subit une division, que le sillon primitif apparaît et que que les parties contiguës du germe sont façonnées, par des méthodes exactement similaires, en un jeune poussin qui, à un stade de son existence, ressemble tellement au chien naissant, qu'une inspection ordinaire distinguerait à peine les deux.

L'histoire du développement de tout autre animal vertébré, lézard, serpent, grenouille ou poisson, raconte la même histoire. Il y a toujours, pour commencer, un œuf ayant la même structure essentielle que celui du Chien : — le jaune de cet œuf subit toujours une division, ou une « segmentation », comme on l'appelle souvent : les produits ultimes de cette segmentation constituent l'édifice. matériaux pour le corps du jeune animal; et celui-ci est construit autour d'un sillon primitif, dans le fond duquel se développe une notocorde. En outre, il y a une période pendant laquelle les petits de tous ces animaux se ressemblent, non seulement par leur forme extérieure, mais par tous les éléments essentiels de leur structure, si étroitement que les différences entre eux sont insignifiantes, tandis que, dans leur évolution ultérieure, ils s'écartent de plus en plus les unes des autres. Et c'est une loi générale que, plus les animaux se ressemblent dans leur structure adulte, plus leurs embryons se ressemblent longtemps et intimement : de sorte que, par exemple, les embryons d'un serpent et d'un lézard restent intacts. se ressemblent plus longtemps que ceux d'un serpent et d'un oiseau ; et les embryons d'un chien et d'un chat restent semblables l'un à l'autre pendant une période bien plus longue que ceux d'un chien et d'un oiseau ; ou d'un chien et d'un opossum ; ou même que ceux d'un Chien et d'un Singe.

Ainsi, l'étude du développement fournit un test clair de l'étroitesse des affinités structurelles, et l'on se tourne avec impatience vers les résultats que produit l'étude du développement de l'homme. Est-il quelque chose de différent ? Est-il originaire d'une manière totalement différente du chien, de l'oiseau, de la grenouille et du poisson, justifiant ainsi ceux qui affirment qu'il n'a aucune place dans la nature et aucune affinité réelle avec le monde inférieur de la vie animale ? Ou bien est-il né d'un germe similaire, passe-t-il par les mêmes modifications lentes et graduellement progressives, dépend- il des mêmes moyens de protection et de nutrition, et entre-t-il finalement dans le monde à l'aide du même mécanisme ? La réponse n'est pas un seul instant douteuse, et elle ne l'a jamais été au cours de ces trente années. Sans aucun doute, le mode d'origine et les premiers stades du développement de l'homme sont identiques à ceux des animaux immédiatement au-dessous de lui dans l' échelle : — sans aucun doute, à ces égards, il est bien plus proche des singes que des singes. sont au Chien.

L'ovule humain a environ 1/125 de pouce de diamètre et pourrait être décrit dans les mêmes termes que celui du chien, de sorte que je n'ai besoin que de me référer à la figure illustrant (14 A) de sa structure. Il sort de l'organe dans lequel il est formé de la même manière et entre de la même manière dans la chambre organique préparée pour sa réception, les conditions de son développement étant en tous points les mêmes. Il n'a pas encore été possible (et ce n'est que par un rare hasard) d'étudier l'ovule humain à un stade de développement aussi précoce que celui de la division du jaune, mais il y a tout lieu de conclure que les changements qu'il subit sont identiques. avec ceux que présentent les ovules d'autres animaux vertébrés ; car les matériaux de formation dont est composé le corps humain rudimentaire, dans les premières conditions dans lesquelles il a été observé, sont les mêmes que ceux des autres animaux. Quelques-uns de ces premiers stades sont figurés ci-dessous et, comme on le verra, ils sont strictement comparables aux tout premiers états du Chien ; la merveilleuse correspondance entre les deux qui s'entretient, même pendant quelque temps, à mesure que le développement avance, se manifeste par la simple comparaison des figures avec celles de la page 249.

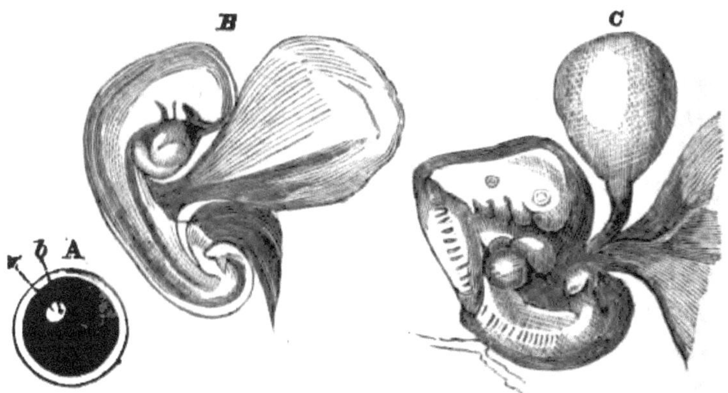

Fig. 15.—A. Human ovum (after Kölliker). *a.* germinal vesicle. *b.* germinal spot.

B. A very early condition of Man, with yelk-sac, allantois and amnion (original).

C. A more advanced stage (after Kölliker), compare fig. 14, C.

En effet, il faut beaucoup de temps avant que le corps du jeune être humain puisse être facilement discriminé de celui du jeune chiot ; mais, à une époque assez précoce, les deux se distinguent par la forme différente de leurs annexes, le sac yellin et l'allantoïde. Le premier, chez le Chien, devient long et fusiforme, tandis que chez l'Homme il reste sphérique ; ce dernier, chez le Chien, atteint une taille extrêmement grande, et les processus vasculaires qui s'en développent et finissent par donner lieu à la formation du placenta (prenant racine, pour ainsi dire, dans l'organisme parental, de manière à en tirer la nourriture). à partir de là, à mesure que la racine d'un arbre l'extrait du sol) sont disposés dans une zone encerclante, tandis que chez l'Homme, l'allantoïde reste relativement petite et ses radicelles vasculaires sont finalement limitées à un seul endroit en forme de disque. Ainsi, tandis que le placenta du chien ressemble à une ceinture, celui de l'homme a la forme d'un gâteau, indiqué par le nom de l'organe.

Mais c'est précisément dans les domaines par lesquels l'homme en développement diffère du chien qu'il ressemble au singe qui, comme l'homme, possède un sac y compris sphéroïdal et un placenta discoïde, parfois partiellement lobé. De sorte que ce n'est que dans les stades les plus avancés de son développement que le jeune être humain présente des différences marquées avec le jeune singe, tandis que celui-ci s'écarte autant du chien dans son développement que l'homme.

Aussi surprenante que puisse paraître cette dernière affirmation, elle est manifestement vraie, et elle seule me paraît suffisante pour mettre hors de tout doute l'unité structurelle de l'homme avec le reste du monde animal, et plus particulièrement et étroitement avec les singes.

Ainsi, identique dans les processus physiques par lesquels il est né — identique dans les premiers stades de sa formation — identique dans le mode de sa nutrition avant et après la naissance, avec les animaux qui se situent immédiatement au-dessous de lui dans l'échelle — l'Homme, lorsque son adulte et une structure parfaite comparée à la leur, présente, comme on pouvait s'y attendre, une merveilleuse ressemblance d'organisation. Il leur ressemble comme ils se ressemblent — il en diffère comme ils diffèrent les uns des autres — et, bien que ces différences et ressemblances ne puissent être pesées et mesurées, leur valeur peut être facilement estimée ; l'échelle ou la norme de jugement, touchant cette valeur, étant offerte et exprimée par le système de classification des animaux actuellement en vigueur parmi les zoologistes.

Une étude minutieuse des ressemblances et des différences présentées par les animaux a, en effet, conduit les naturalistes à les ranger en groupes, ou assemblages, tous les membres de chaque groupe présentant un certain degré de ressemblance définissable, et le nombre de points de similitude étant plus petit. car le groupe est plus grand et « vice versa ». Ainsi, toutes les créatures qui ne s'accordent qu'à présenter les quelques signes distinctifs de l'animalité forment le « Royaume » ANIMALIA. Les nombreux animaux qui ne s'accordent que pour posséder les caractères particuliers des Vertébrés forment un « Sous-Règne » de ce Royaume. Ensuite, le sous-règne des VERTÉBRÉS est subdivisé en cinq « classes », poissons, amphibiens, reptiles, oiseaux et mammifères, et ceux-ci en groupes plus petits appelés « ordres » ; ceux-ci en « Familles » et « Genres » ; tandis que ces derniers sont finalement divisés en assemblages les plus petits, qui se distinguent par la possession de caractères constants et non sexuels. Ces groupes ultimes sont des espèces.

Chaque année tend à amener une plus grande uniformité d'opinion dans le monde zoologique quant aux limites et aux caractères de ces groupes, grands et petits. Aujourd'hui, par exemple, personne n'a le moindre doute sur les caractères des classes Mammalia, Aves ou Reptilia ; la question ne se pose pas non plus de savoir si un animal bien connu doit être classé dans une classe ou dans une autre. Encore une fois, il existe un accord très général concernant les caractères et les limites des ordres de mammifères, ainsi que quant aux animaux qui sont structurellement nécessaires pour prendre place dans l'un ou l'autre ordre.

Personne ne doute, par exemple, que le Paresseux et le Fourmilier, le Kangourou et l'Opossum, le Tigre et le Blaireau, le Tapir et le Rhinocéros, sont respectivement membres des mêmes ordres. Ces paires successives d'animaux peuvent, et certaines diffèrent énormément les unes des autres, dans des domaines tels que les proportions et la structure de leurs membres ; le nombre de leurs vertèbres dorsales et lombaires ; l'adaptation de leur silhouette à l'escalade, au saut ou à la course ; le nombre et la forme de leurs dents ; et les caractères de leurs crânes et du cerveau contenu. Mais, malgré toutes ces différences, ils sont si étroitement liés par tous les caractères les plus importants et fondamentaux de leur organisation, et si distinctement séparés par ces mêmes caractères des autres animaux, que les zoologistes trouvent nécessaire de les regrouper comme membres d'un même ordre. . Et si un nouvel animal était découvert et ne présentait pas de différence plus grande avec le kangourou et l'opossum, par exemple, que ces animaux ne le font entre eux, le zoologiste serait non seulement logiquement obligé de le classer dans le même ordre avec ceux-là, mais il ne penserait pas à faire autrement.

Gardant à l'esprit ce raisonnement zoologique évident, efforçons-nous un instant de déconnecter notre moi pensant du masque de l'humanité ; Imaginons-nous des Saturniens scientifiques, si vous voulez, connaissant assez bien les animaux qui habitent aujourd'hui la Terre, et occupés à discuter des relations qu'ils entretiennent avec un nouveau et singulier « bipède dressé et sans plumes », qu'un voyageur entreprenant, surmontant les difficultés . de l'espace et de la gravité, a été ramené de cette planète lointaine pour notre inspection, bien conservé, peut-être, dans un tonneau de rhum. Nous devrions tous être d'accord pour le classer parmi les mammifères vertébrés ; et sa mâchoire inférieure, ses molaires et son cerveau ne laissent aucune place pour douter de la position systématique du nouveau genre parmi ces mammifères dont les petits sont nourris pendant la gestation au moyen d'un placenta, ou ce qu'on appelle les « mammifères placentaires ». '

En outre, l'étude la plus superficielle nous convaincra aussitôt que, parmi les ordres de mammifères placentaires, ni les baleines, ni les ongulés, ni les paresseux et les fourmiliers, ni les chats, les chiens et les ours carnivores, encore moins que Les rats et les lapins rongeurs, ou les taupes et hérissons insectivores, ou encore les chauves-souris, pourraient revendiquer notre « Homo », comme l'un des leurs.

Il ne resterait alors qu'un seul ordre de comparaison, celui des singes (en prenant ce mot dans son sens le plus large), et la question à discuter se limiterait à ceci : l'homme est-il si différent de l'un de ces singes qu'il doit former un ordre de comparaison ? commander par lui-même ? Ou bien diffère-t-il moins d'eux qu'ils ne diffèrent les uns des autres, et doit-il donc prendre place avec eux dans le même ordre ?

Heureusement libérés de tout intérêt personnel, réel ou imaginaire, dans les résultats de l'enquête ainsi posée, nous devrions procéder à la pesée des arguments d'un côté et de l'autre, avec autant de calme judiciaire que si la question concernait un problème. un nouveau Possum. Nous devrions nous efforcer de constater, sans chercher ni à les amplifier ni à les diminuer, tous les caractères par lesquels notre nouveau mammifère différait des singes ; et si nous trouvions que ceux-ci avaient moins de valeur structurale que ceux qui distinguent certains membres de l'ordre des Singes d'autres universellement admis comme étant du même ordre, nous devrions sans doute y placer le genre tellurien nouvellement découvert.

Je vais maintenant détailler les faits qui me semblent ne nous laisser d'autre choix que d'adopter la dernière ligne de conduite mentionnée.

Il est bien certain que le singe qui se rapproche le plus de l'homme, dans la totalité de son organisation, est soit le chimpanzé, soit le gorille ; et comme cela ne fait aucune différence pratique, aux fins de mon présent argument, qui est choisi pour comparaison, d'une part, avec l'Homme, et d'autre part, avec le reste des Primates2, je choisirai ces derniers (pour autant que son organisation soit connue) - comme une brute maintenant si célèbre en prose et en vers, que tous doivent avoir entendu parler de lui et avoir formé une certaine idée de son apparence. J'aborderai autant des points de différence les plus importants entre l'homme et cette créature remarquable que l'espace dont je dispose me permettra d'en discuter et que les nécessités de l'argumentation l'exigeront ; et je rechercherai la valeur et l'ampleur de ces différences, lorsqu'on les place à côté de celles qui séparent le gorille des autres animaux du même ordre.

Dans les proportions générales du corps et des membres, il y a une différence remarquable entre le gorille et l'homme, qui frappe immédiatement l'œil. Le cerveau du Gorille est plus petit, son tronc plus grand, ses membres inférieurs plus courts, ses membres supérieurs plus longs en proportion que ceux de l'Homme. 3

Je trouve que la colonne vertébrale d'un gorille adulte, au Musée du Royal College of Surgeons, mesure 27 pouces le long de sa courbure antérieure, depuis le bord supérieur de l'atlas, ou première vertèbre du cou, jusqu'à l'extrémité inférieure. du sacrum; que le bras, sans la main, mesure 31-1/2 pouces de long ; que la jambe, sans le pied, mesure 26 1/2 pouces de long ; que la main mesure 9-3/4 pouces de long ; le pied mesure 11-1/4 pouces de long.

En d'autres termes, en prenant la longueur de la colonne vertébrale à 100, le bras est à 115, la jambe à 96, la main à 36 et le pied à 41.

Dans le squelette d'un Bosjesman mâle, dans la même collection, les proportions, par la même mesure, à la colonne vertébrale, prises comme 100, sont : le bras 78, la jambe 110, la main 26 et le pied 32. Dans chez une femme de la même race, le bras a 83 ans et la jambe 120, la main et le pied restant les mêmes. Dans un squelette européen, je trouve que le bras mesure 80 ans, la jambe 117 ans, la main 26 ans et le pied 35 ans.

Ainsi, la jambe n'est pas si différente qu'elle le paraît à première vue, dans sa proportion avec la colonne vertébrale du gorille et de l'homme : elle est très légèrement plus courte que la colonne vertébrale du premier, et entre 1/10 et 1/5 plus longue que celle du gorille. la colonne vertébrale dans ce dernier. Le pied est plus long et la main beaucoup plus longue chez le gorille ; mais la grande différence est causée par les bras, qui sont beaucoup plus longs que l'épine dorsale du gorille, et beaucoup plus courts que l'épine dorsale de l'homme.

La question se pose maintenant de savoir comment les autres singes sont apparentés au gorille à cet égard - en prenant la longueur de la colonne vertébrale, mesurée de la même manière, à 100. Chez un chimpanzé adulte, le bras n'a que 96 ans, la jambe 90 ans, la main 43, le pied 39 — de sorte que la main et la jambe s'écartent davantage des proportions humaines et le bras moins, tandis que le pied est à peu près le même que chez le gorille.

Chez l'Orang, les bras sont beaucoup plus longs que chez le Gorille (122), tandis que les jambes sont plus courtes (88) ; le pied est plus long que la main (52 et 48), et tous deux sont beaucoup plus longs en proportion de la colonne vertébrale.

Chez les autres singes ressemblant à des hommes, les Gibbons, ces proportions sont encore plus modifiées ; la longueur des bras étant égale à celle de la colonne vertébrale de 19 à 11 ; tandis que les jambes sont également un tiers plus longues que la colonne vertébrale, de manière à être plus longues que chez l'homme, au lieu d'être plus courtes. La main est deux fois moins longue que la colonne vertébrale et le pied, plus court que la main, mesure environ 5/11ème de la longueur de la colonne vertébrale.

Ainsi, Hylobates a les bras d'autant plus longs que le gorille, que le gorille a les bras plus longs que l'homme ; tandis que, d'un autre côté, il a les jambes beaucoup plus longues que l'homme, de sorte qu'il contient en lui les écarts les plus extrêmes par rapport à la longueur moyenne des deux paires de membres (voir l'illustration de la page 196).

Le Mandrill présente un état moyen, les bras et les jambes étant à peu près de même longueur, et tous deux étant plus courts que la colonne vertébrale ; tandis que la main et le pied ont à peu près les mêmes proportions l'un par rapport à l'autre et à la colonne vertébrale, que chez l'homme.

Chez le singe araignée (« Ateles »), la jambe est plus longue que la colonne vertébrale et le bras que la jambe ; et enfin, dans cette remarquable forme lémurine, l'Indri (« Lichanotus »), la jambe est à peu près aussi longue que la colonne vertébrale, tandis que le bras n'a pas plus de 11/18 de sa longueur ; la main ayant un peu moins et le pied un peu plus qu'un tiers de la longueur de la colonne vertébrale.

Ces exemples pourraient être grandement multipliés, mais ils suffisent à montrer que, quelle que soit la proportion de ses membres qui diffère de l'homme, les autres singes s'écartent encore plus largement du gorille et que, par conséquent, de telles différences de proportion ne peuvent avoir aucune valeur ordinale. .

Nous pouvons ensuite considérer les différences que présentent le tronc, constitué de la colonne vertébrale, ou colonne vertébrale, et les côtes et le bassin, ou bassin osseux de la hanche, qui lui sont reliés, respectivement chez l'Homme et chez le Gorille.

Chez l'homme, en raison en partie de la disposition des surfaces articulaires des vertèbres et en grande partie de la tension élastique de certaines des bandes fibreuses, ou ligaments, qui relient ces vertèbres entre elles, la colonne vertébrale, dans son ensemble, a une forme élégante. Courbure en forme de S, convexe vers l'avant dans le cou, concave dans le dos, convexe dans les reins ou la région lombaire, et concave à nouveau dans la région sacrée ; disposition qui donne beaucoup d'élasticité à toute l'épine dorsale, et diminue le choc communiqué à l'épine dorsale, et par elle à la tête, par la locomotion en position dressée.

De plus, dans des circonstances ordinaires, l'homme a sept vertèbres dans le cou, qu'on appelle « cervicales » ; douze leur succèdent, portant des côtes et formant la partie supérieure du dos, d'où on les appelle « dorsales » ; cinq se trouvent dans les reins, ne portant aucune côte distincte ou libre, et sont appelés « lombaires » ; cinq, réunis en un gros os, creusé en avant, solidement coincé entre les os de la hanche, pour former l'arrière du bassin, et connu sous le nom de « sacrum », leur succèdent ; et enfin trois ou quatre petits os plus ou moins mobiles, si petits qu'ils sont insignifiants, constituent le « coccyx » ou queue rudimentaire.

Chez le Gorille, la colonne vertébrale est divisée de la même manière en vertèbres cervicales, dorsales, lombaires, sacrées et coccygiennes, et le nombre total de vertèbres cervicales et dorsales, prises ensemble, est le même que chez l'Homme ; mais le développement d'une paire de côtes jusqu'à la première vertèbre lombaire, ce qui est un phénomène exceptionnel chez l'Homme, est la règle chez le Gorille ; et par conséquent, comme les vertèbres lombaires ne se distinguent des vertèbres dorsales que par la présence ou l'absence de côtes libres, les dix-sept vertèbres « dorso -lombaires » du Gorille sont divisées en treize dorsales et quatre lombaires, tandis que chez l'Homme elles sont douze dorsales et cinq lombaires. .

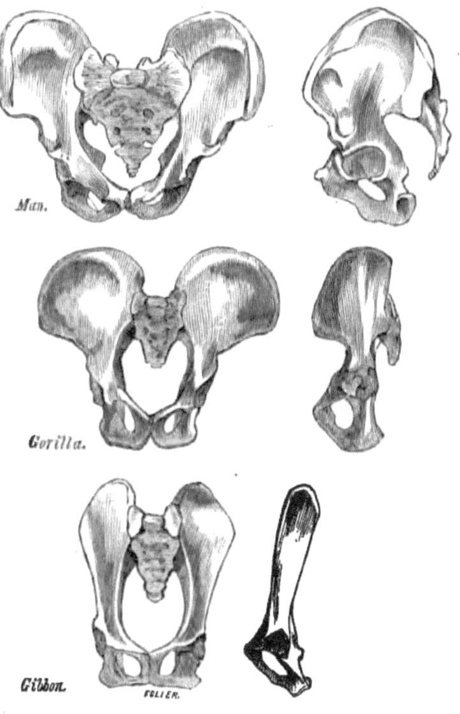

Fig. 16.—Front and side views of the bony pelvis of Man, the Gorilla and Gibbon : reduced from drawings made from nature, of the same absolute length, by Mr. Waterhouse Hawkins.

Mais non seulement l'Homme possède parfois treize paires de côtes, mais le Gorille en possède parfois quatorze paires, tandis qu'un squelette d'orang-outan conservé au Musée du Royal College of Surgeons possède douze vertèbres dorsales et cinq vertèbres lombaires, comme chez l'Homme. Cuvier note le même numéro dans un « Hylobates ». En revanche, parmi les singes inférieurs, beaucoup possèdent douze vertèbres dorsales et six ou sept vertèbres lombaires ; le Douroucouli a quatorze vertèbres dorsales et huit lombaires, et un Lémurien (« Stenops tardigradus ») a quinze vertèbres dorsales et neuf lombaires.

La colonne vertébrale du Gorille, dans son ensemble, diffère de celle de l'Homme par le caractère moins marqué de ses courbes, notamment par la moindre convexité de la région lombaire. Néanmoins, les courbures sont présentes et bien visibles sur les jeunes squelettes de Gorille et de Chimpanzé préparés sans ablation des ligaments. En revanche, chez les jeunes Orangs conservés de la même manière, la colonne vertébrale est soit droite, soit même concave vers l'avant, dans toute la région lombaire.

Que nous prenions donc ces caractères, ou d'autres plus mineurs, comme ceux qui découlent de la longueur proportionnelle des épines des vertèbres cervicales, etc., il n'y a aucun doute quant à la différence marquée entre l'homme et le gorille ; mais il y a aussi peu de différences également marquées, du même ordre, entre le gorille et les singes inférieurs.

Le bassin, ou ceinture osseuse des hanches, de l'homme est une partie étonnamment humaine de son organisation ; les os de la hanche élargis soutiennent ses viscères pendant sa posture habituellement droite et donnent de l'espace pour l'attachement des gros muscles qui lui permettent d'assumer et de conserver cette attitude. A ces égards, le bassin du gorille diffère très considérablement du sien (fig. 15). Mais ne descendez pas plus bas que le Gibbon, et voyez combien il diffère beaucoup plus du Gorille que ce dernier ne diffère de l'Homme, même dans cette structure. Regardez les os plats et étroits de la hanche, le passage long et étroit, les proéminences sciatiques grossières , courbées vers l'extérieur, sur lesquelles repose habituellement le Gibbon, et qui sont recouvertes par ce que l'on appelle les « callosités », des plaques de peau denses, totalement absentes. chez le Gorille, chez le Chimpanzé et chez l'Orang, comme chez l'Homme !

Chez les Singes inférieurs et chez les Lémuriens, la différence devient encore plus frappante, le bassin acquérant un caractère globalement quadrupède.

Mais passons-nous maintenant à un organe plus noble et plus caractéristique, celui par lequel la structure humaine semble être, et est en fait, si fortement distinguée de tous les autres, je veux dire le crâne. Les différences entre le crâne d'un gorille et celui d'un homme sont véritablement immenses (Fig. 16). Dans le premier cas, le visage, formé en grande partie par les os massifs de la mâchoire, prédomine sur le boîtier cérébral, ou crâne proprement dit : dans le second, les proportions des deux sont inversées. Chez l'Homme, le foramen occipital, par lequel passe le grand cordon nerveux reliant le cerveau aux nerfs du corps, est placé juste en arrière du centre de la base du crâne, qui s'équilibre ainsi dans la posture dressée ; chez le Gorille, elle se situe dans le tiers postérieur de cette base. Chez l'homme, la surface du crâne est relativement lisse, et les crêtes supraciliaires ou proéminences sourcilières ne font généralement que peu saillie, tandis que chez le gorille, de vastes crêtes se développent sur le crâne, et les crêtes sourcilières surplombent, les orbites caverneuses, comme superbes penthouses.

Des coupes de crânes montrent cependant que certains des défauts apparents du crâne du gorille proviennent, en fait, moins d'une déficience du cerveau que d'un développement excessif de certaines parties du visage. La cavité crânienne n'est pas déformée et le front n'est pas vraiment aplati ni très en retrait, sa courbe vraiment bien formée étant simplement masquée par la masse osseuse qui s'y appuie (Fig. 16).

Mais les toits des orbites s'élèvent plus obliquement dans la cavité crânienne, diminuant ainsi l'espace réservé à la partie inférieure des lobes antérieurs du cerveau, et la capacité absolue du crâne est bien inférieure à celle de l'homme. Autant que je sache, aucun crâne humain appartenant à un homme adulte n'a encore été observé avec une capacité cubique inférieure à 62 pouces cubes, le plus petit crâne observé chez n'importe quelle race humaine par Morton, mesurant 63 pouces cubes ; tandis que, d'un autre côté, le crâne de gorille le plus volumineux jamais mesuré ne contient pas plus de 34 1/2 pouces cubes. Supposons, par souci de simplicité, que le crâne de l'Homme le plus bas ait deux fois la capacité de celui du Gorille le plus élevé. 4

Il s'agit là sans doute d'une différence très frappante, mais elle perd beaucoup de sa valeur systématique apparente, lorsqu'on l'envisage à la lumière de certains autres faits également indubitables concernant les capacités crâniennes.

La première d'entre elles est que la différence de volume de la cavité crânienne des différentes races humaines est bien plus grande, en valeur absolue, que celle entre l'Homme le plus bas et le Singe le plus élevé, alors que, relativement, elle est à peu près la même. Car le plus grand crâne humain mesuré par Morton contenait 114 pouces cubes, c'est-à-dire qu'il avait presque le double de la capacité du plus petit ; tandis que sa prépondérance absolue, de 52 pouces cubes, est bien supérieure à celle par laquelle le crâne humain mâle adulte le plus bas surpasse le plus grand des gorilles (62 - 34-1/2 = 27-1/2). Deuxièmement, les crânes adultes des gorilles qui ont encore été mesurés diffèrent entre eux de près d'un tiers, la capacité maximale étant de 34,5 pouces cubes, la capacité minimale de 24 pouces cubes ; et troisièmement, après avoir tenu compte de toutes les différences de taille, les capacités crâniennes de certains des singes inférieurs tombent presque autant, relativement, au-dessous de celles des singes supérieurs que ces derniers tombent au-dessous de l'homme.

Ainsi, même en ce qui concerne la question importante de la capacité crânienne, les hommes diffèrent plus largement les uns des autres que des singes ; tandis que les singes les plus inférieurs diffèrent autant, en proportion, des plus élevés, que ces derniers diffèrent de l'homme. Cette dernière proposition est encore mieux illustrée par l'étude des modifications que subissent d'autres parties du crâne dans la série simienne.

C'est la grande taille proportionnelle des os du visage et la grande projection des mâchoires qui confère au crâne du gorille son petit angle facial et son caractère brutal.

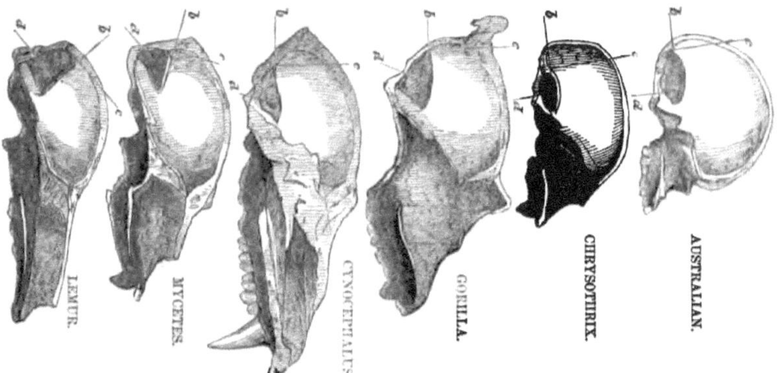

Fig. 17.—Sections of the skulls of Man and various Apes, drawn so as to give the cerebral cavity the same length in each case, thereby displaying the varying proportions of the facial bones. The line *b* indicates the plane of the tentorium, which separates the cerebrum from the cerebellum ; *d*, the axis of the occipital outlet of the skull. The extent of the cerebral cavity behind *c*, which is a perpendicular erected on *b* at the point where the tentorium is attached posteriorly, indicates the degree to which the cerebrum overlaps the cerebellum—the space occupied by which is roughly indicated by the dark shading. In comparing these diagrams, it must be recollected, that figures on so small a scale as these simply exemplify the statements in the text, the proof of which is to be found in the objects themselves.

Mais si l'on considère seulement la dimension proportionnelle des os de la face au crâne proprement dit, le petit « Chrysothrix » (fig. 16) diffère très largement du gorille, et de la même manière que l'homme ; tandis que les babouins (« Cynocephalus », fig. 16) exagèrent les proportions grossières du museau du grand anthropoïde, de sorte que son visage semble doux et humain en comparaison avec le leur. La différence entre le gorille et le babouin est encore plus grande qu'il n'y paraît à première vue ; car la grande masse faciale du premier est due en grande partie à un développement descendant des mâchoires ; un caractère essentiellement humain, ajouté à ce développement presque purement avancé, essentiellement brutal, des mêmes parties qui caractérise le babouin et distingue plus remarquablement le lémurien.

De même, le foramen occipital des « Mycètes » (Fig. 16), et plus encore des Lémuriens, est situé complètement dans la face postérieure du crâne, ou autant plus en arrière que celui du Gorille, que celui du Gorille est situé plus en arrière que celui de l'Homme ; tandis que, comme pour rendre manifeste la futilité de la tentative de fonder une large distinction classificatoire sur un tel caractère, le même groupe de Platyrhines , ou singes américains, auquel appartiennent les Mycètes , contient le Chrysothrix , dont le foramen occipital est situé bien plus loin. plus en avant que chez tout autre singe, et se rapproche presque de la position qu'elle occupe chez l'homme.

Encore une fois, le crâne de l'Orang est aussi dépourvu de proéminences supraciliaires excessivement développées que celui de l'Homme, bien que certaines variétés présentent de grandes crêtes ailleurs (voir pp. 231, 232) ; et chez certains singes Cébines et chez les « Chrysothrix », le crâne est aussi lisse et arrondi que celui de l'homme lui-même.

Ce qui est vrai pour ces principales caractéristiques du crâne vaut, comme on peut l'imaginer, pour toutes les caractéristiques mineures ; de sorte que pour toute différence constante entre le crâne du Gorille et celui de l'Homme, une différence constante similaire du même ordre (c'est-à-dire consistant en un excès ou un défaut de même qualité) peut être trouvée entre le crâne du Gorille et celui de quelques autres. singe. De sorte que, pour le crâne, pas moins que pour le squelette en général, la proposition est valable, que les différences entre l'homme et le gorille ont moins de valeur que celles entre le gorille et quelques autres singes.

En ce qui concerne le crâne, je peux parler des dents, organes qui ont une valeur classificatoire particulière et dont les ressemblances et les différences de nombre, de forme et de succession, prises dans leur ensemble, sont généralement considérées comme des indicateurs d'affinité plus fiables que n'importe quel autre. autres.

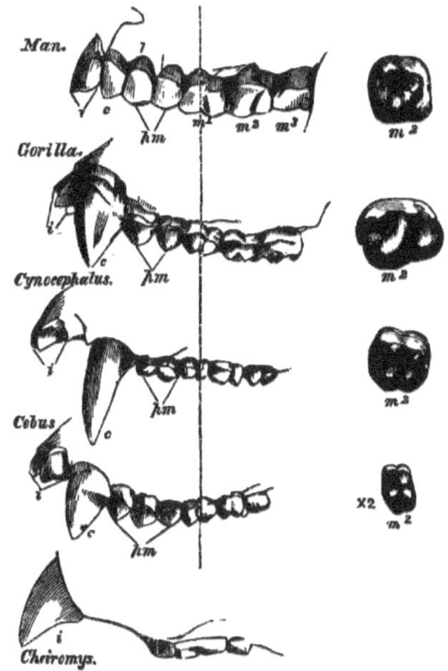

Fig. 18.—Lateral views, of the same length, of the upper jaws of various Primates. *i*, incisors; *c*, canines; *pm*, premolars; *m*, molars. A line is drawn through the first molar of Man, *Gorilla*, *Cynocephalus*, and *Cebus*, and the grinding surface of the second molar is shown in each, its anterior and internal angle being just above the *m* of *m'*.

L'un d'entre eux est doté de deux séries de dents : des dents de lait et des dents permanentes. Le premier se compose de quatre incisives, ou dents coupantes ; deux canines, ou œillets ; et quatre molaires, ou meuleuses, dans chaque mâchoire, ce qui en fait vingt en tout. Ces dernières (Fig. 17) comprennent quatre incisives, deux canines, quatre petites meuleuses, appelées prémolaires ou fausses molaires, et six grandes meuleuses, ou vraies molaires, en chaque mâchoire, ce qui en fait trente-deux en tout. Les incisives internes sont plus grandes que la paire externe, dans la mâchoire supérieure, plus petites que la paire externe, dans la mâchoire inférieure. Les couronnes des molaires supérieures présentent quatre cuspides, ou élévations à pointe émoussée, et une crête traverse la couronne obliquement, de la cuspide interne antérieure à la cuspide externe postérieure (Fig. 17 m2). Les molaires inférieures antérieures ont cinq cuspides, trois externes et deux internes. Les prémolaires ont deux cuspides, une interne et une externe, dont la externe est la plus haute.

A tous ces égards, la dentition du Gorille peut être décrite dans les mêmes termes que celle de l'Homme ; mais dans d'autres domaines, il présente des différences nombreuses et importantes (fig. 17).

Ainsi les dents de l'homme constituent une série régulière et régulière, sans aucune cassure et sans aucune projection marquée d'une dent au-dessus du niveau des autres ; une particularité qui, comme Cuvier l'a montré il y a longtemps, n'est partagée par aucun autre mammifère, à l'exception d'un seul - une créature aussi différente de l'homme qu'on puisse l'imaginer - à savoir l'«Anoplotherium», une espèce éteinte depuis longtemps. Les dents du gorille, au contraire, présentent une cassure, ou intervalle, appelé « diastème », dans les deux mâchoires : devant la dent de l'œil, ou entre celle-ci et l'incisive externe, dans la mâchoire supérieure ; derrière la dent oculaire, ou entre celle-ci et la fausse molaire avant, dans la mâchoire inférieure. Dans cette cassure de la série, dans chaque mâchoire, s'insère la canine de la mâchoire opposée ; la taille de la dent oculaire du gorille est si grande qu'elle dépasse, comme une défense, bien au-delà du niveau général des autres dents. Les racines des fausses molaires du gorille, encore une fois, sont plus complexes que chez l'homme, et la taille proportionnelle des molaires est différente. Le Gorille a la couronne de la meuleuse la plus postérieure de la mâchoire inférieure plus complexe, et l'ordre d'éruption des dents permanentes est différent ; les canines permanentes font leur apparition avant les deuxième et troisième molaires chez l'Homme, et après elles chez le Gorille.

Ainsi, bien que les dents du gorille ressemblent beaucoup à celles de l'homme par le nombre, l'espèce et la forme générale de leur couronne, elles présentent des différences marquées par rapport à celles de l'homme à des égards secondaires, tels que la taille relative, le nombre des crocs et l'ordre. d'apparence.

Mais si l'on compare les dents du gorille avec celles d'un singe, pas plus éloigné de lui qu'un cynocéphale ou babouin, on constatera que des différences et des ressemblances du même ordre sont facilement observables ; mais que plusieurs des points par lesquels le gorille ressemble à l'homme sont ceux par lesquels il diffère du babouin ; tandis que divers aspects par lesquels il diffère de l'homme sont exagérés dans le « Cynocephalus ». Le nombre et la nature des dents restent les mêmes chez le Babouin comme chez le Gorille et chez l'Homme. Mais le dessin des molaires supérieures du babouin est assez différent de celui décrit ci-dessus (Fig. 17), les canines sont proportionnellement plus longues et ressemblent davantage à des couteaux ; la prémolaire antérieure de la mâchoire inférieure est spécialement modifiée ; la molaire postérieure de la mâchoire inférieure est encore plus grande et plus complexe que chez le gorille.

En passant des singes de l'ancien monde à ceux du nouveau monde, nous rencontrons un changement bien plus important que n'importe lequel de ces derniers. Dans un genre comme « Cebus », par exemple (fig. 17), on constatera que, tandis que sur certains points secondaires, comme la projection des canines et le diastème, la ressemblance avec le grand singe est conservée ; À d'autres égards, les plus importants, la dentition est extrêmement différente. Au lieu de 20 dents dans la série de lait, il y en a 24 : au lieu de 32 dents dans la série permanente, il y en a 36, les fausses molaires étant portées de huit à douze. Et par leur forme, les couronnes des molaires sont très différentes de celles du gorille et diffèrent beaucoup plus du modèle humain.

Les Ouistitis, au contraire, présentent le même nombre de dents que l'Homme et le Gorille ; mais, malgré cela, leur dentition est très différente, car ils ont quatre fausses molaires de plus, comme les autres singes américains ; mais comme ils ont quatre vraies molaires de moins, le total reste le même. Et en passant des singes américains aux Lémuriens, la dentition devient encore plus complètement et essentiellement différente de celle du Gorille. Les incisives commencent à varier en nombre et en forme. Les molaires acquièrent de plus en plus un caractère insectivore à plusieurs pointes, et dans un genre, les Aye-Aye (« Cheiromys »), les canines disparaissent et les dents simulent complètement celles d'un rongeur (Fig. 17).

Il est donc évident que, si la dentition du singe le plus élevé diffère de celle de l'homme, elle diffère beaucoup plus de celle des singes inférieurs et inférieurs.

Quelle que soit la partie du tissu animal, quelle que soit la série de muscles, quels que soient les viscères choisis pour la comparaison, le résultat serait le même : les singes inférieurs et le gorille différaient plus que le gorille et l'homme. Je ne peux pas tenter ici de suivre toutes ces comparaisons en détail, et il est même inutile de le faire. Mais certaines distinctions structurelles, réelles ou supposées, entre l'homme et les singes subsistent, sur lesquelles on a tellement insisté qu'elles nécessitent un examen attentif, afin que la vraie valeur puisse être attribuée à celles qui sont réelles, et le vide de celles-ci celles qui sont fictives pourront être exposées. Je fais référence aux caractères de la main, du pied et du cerveau.

L'un a été défini comme le seul animal possédant deux mains terminant ses membres antérieurs, et deux pattes terminant ses membres postérieurs, tandis qu'on a dit que tous les singes possédaient quatre mains ; et il a été affirmé qu'il différait fondamentalement de tous les singes par les caractères de son cerveau, qui seul, a-t-on étrangement affirmé et réaffirmé, présente les structures connues des anatomistes sous le nom de lobe postérieur, corne postérieure du ventricule latéral . , et l'hippocampe mineur.

Que la première proposition ait été généralement acceptée n'est pas surprenant — en effet, à première vue, les apparences sont bien en sa faveur : mais, quant à la seconde, on ne peut qu'admirer le courage surpassé de son énonciateur, vu qu'il s'agit d'une innovation. ce qui est non seulement opposé aux doctrines généralement et justement acceptées, mais qui est directement nié par le témoignage de tous les chercheurs originaux, qui ont spécialement étudié la question : et qu'il n'a ni été ni ne peut être soutenu par une seule préparation anatomique. En fait, elle ne mériterait pas une réfutation sérieuse, si ce n'était la croyance générale et naturelle selon laquelle les affirmations délibérées et réitérées doivent avoir un certain fondement.

Avant de pouvoir discuter avantageusement du premier point, nous devons considérer avec quelque attention et comparer ensemble la structure de la main humaine et celle du pied humain, afin que nous puissions avoir des idées distinctes et claires de ce qui constitue une main et de ce qu'est une main. pied.

La forme extérieure de la main humaine est assez familière à tout le monde . Il se compose d'un gros poignet suivi d'une large paume, formée de chair, de tendons et de peau, liant ensemble quatre os et se divisant en quatre chiffres ou doigts longs et flexibles, dont chacun porte sur le dos de sa dernière articulation. un ongle large et aplati. La fente la plus longue entre deux chiffres est un peu moins de la moitié de la longueur de la main. Du côté extérieur de la base de la paume part un gros doigt, n'ayant que deux articulations au lieu de trois ; si court, qu'il ne s'étend qu'un peu au-delà du milieu de la première articulation du doigt qui le suit ; et remarquable en outre par sa grande mobilité, grâce à laquelle il peut être dirigé vers l'extérieur, presque à angle droit par rapport au reste. Ce chiffre est appelé « pollex » ou pouce ; et, comme les autres, il porte un clou plat au dos de son joint terminal. En raison des proportions et de la mobilité du pouce, il est ce qu'on appelle « opposable » ; en d'autres termes, son extrémité peut, avec la plus grande facilité, être mise en contact avec l'extrémité de n'importe lequel des doigts ; une propriété dont dépend si largement la possibilité de mettre en œuvre les conceptions de l'esprit .

La forme externe du pied diffère considérablement de celle de la main ; et pourtant, comparés de près, les deux présentent de singulières ressemblances. Ainsi la cheville correspond en quelque sorte au poignet ; la semelle avec la paume ; les orteils avec les doigts ; le gros orteil avec le pouce. Mais les orteils, ou doigts du pied, sont beaucoup plus courts en proportion que les doigts de la main, et sont moins mobiles, le manque de mobilité étant plus frappant dans le gros orteil, qui, lui aussi, est beaucoup plus grand en proportion de la main. les autres orteils que le pouce aux doigts. Cependant, en considérant ce point, il ne faut pas oublier que le gros orteil civilisé, confiné et à l'étroit dès l'enfance, est considéré comme un grand désavantage et que chez les personnes non civilisées et pieds nus, il conserve une grande mobilité, et même une certaine mobilité. une sorte d'opposabilité. On dit que les bateliers chinois sont capables de tirer une rame ; les artisans du Bengale pour tisser, et les Carajas pour voler des hameçons, avec son aide ; quoique, après tout, il faut se rappeler que la structure de ses articulations et la disposition de ses os rendent nécessairement son action préhensile beaucoup moins parfaite que celle du pouce.

Mais pour avoir une conception précise des ressemblances et des différences de la main et du pied, ainsi que des caractères distinctifs de chacun, il faut regarder sous la peau et comparer la charpente osseuse et son appareil moteur dans chacun d'eux (fig. 18).

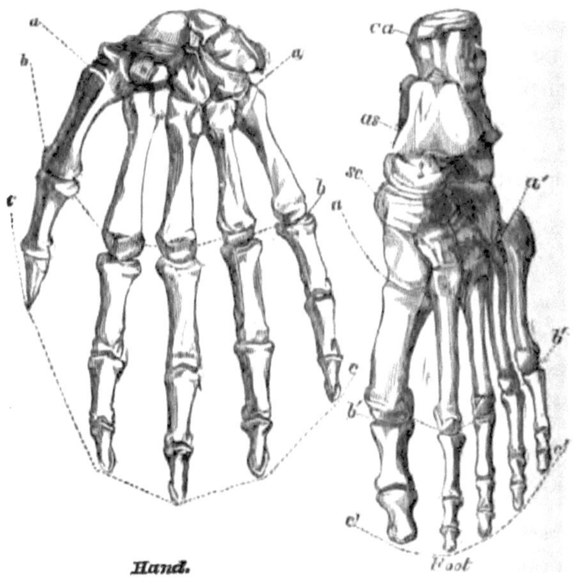

Fig. 19.—The skeleton of the Hand and Foot of Man reduced from Dr. Carter's drawings in Gray's ' Anatomy.' The hand is drawn to a larger scale than the foot. The line *a a* in the hand indicates the boundary between the

Le squelette de la main présente, dans la région que nous appelons poignet, et qui est techniquement appelée « carpe », deux rangées d'os polygonaux étroitement ajustés, quatre dans chaque rangée, qui sont de taille à peu près égale. Les os de la première rangée, avec les os de l'avant-bras, forment l'articulation du poignet et sont disposés côte à côte, sans qu'aucun d'entre eux ne dépasse ou ne chevauche grandement le reste.

Les quatre os de la deuxième rangée du carpe portent les quatre os longs qui soutiennent la paume de la main. Le cinquième os du même caractère est articulé d'une manière beaucoup plus libre et mobile que les autres, avec son os carpien, et forme la base du pouce. Ceux-ci sont appelés os « métacarpiens » et portent les « phalanges », ou os des doigts, qui sont au nombre de deux dans le pouce et de trois dans chacun des doigts.

Le squelette du pied ressemble beaucoup à celui de la main à certains égards. Ainsi il y a trois phalanges dans chacun des petits orteils, et seulement deux dans le gros orteil, qui répondent au pouce. Il existe un os long, appelé « métatarsien », répondant au métacarpien, pour chaque doigt ; et le « tarse », qui correspond au carpe, présente quatre os polygonaux courts alignés, qui correspondent très étroitement aux quatre os carpiens de la deuxième rangée de la main . A d'autres égards, le pied diffère très largement de la main. Ainsi, le gros orteil est le doigt le plus long avant un ; et son métatarsien est beaucoup moins articulé avec le tarse que le métacarpien du pouce avec le carpe. Mais une distinction bien plus importante réside dans le fait qu'au lieu de quatre os tarsiens supplémentaires, il n'y en a que trois ; et que ces trois ne sont pas disposés côte à côte ou sur une seule rangée. L'un d'eux, le ' os calcis ' ou os du talon (« ca »), se trouve à l'extérieur et renvoie le gros talon en saillie ; un autre, l'astragale (« as »), s'y appuie par une face, et par une autre forme, avec les os de la jambe, l'articulation de la cheville ; tandis qu'une troisième face, dirigée vers l'avant, est séparée des trois os tarsiens internes de la rangée voisine du métatarse par un os appelé « scaphoïde » (« sc »).

donc une différence fondamentale dans la structure du pied et de la main, observable lorsque l'on oppose le carpe et le tarse ; et il y a des différences de degré notables lorsqu'on compare ensemble les proportions et la mobilité des métacarpiens et des métatarsiens, avec leurs doigts respectifs.

Les deux mêmes classes de différences deviennent évidentes lorsqu'on compare les muscles de la main avec ceux du pied.

Trois ensembles principaux de muscles, appelés « fléchisseurs », plient les doigts et le pouce, comme pour serrer le poing, et trois ensembles – les extenseurs – les étendent, comme pour redresser les doigts. Ces muscles sont tous des « muscles longs » ; c'est-à-dire que la partie charnue de chacun, située dans et étant fixée aux os du bras, se continue, à l'autre extrémité, en tendons ou cordons arrondis, qui passent dans la main et sont finalement fixés à l'os du bras. os qui doivent être déplacés. Ainsi, lorsque les doigts sont pliés, les parties charnues des fléchisseurs des doigts, placées dans le bras, se contractent, en vertu de leur dotation particulière en muscles ; et en tirant sur les cordons tendineux reliés à leurs extrémités, ils tirent vers le bas les os des doigts vers la paume.

Non seulement les principaux fléchisseurs des doigts et du pouce sont des muscles longs, mais ils restent bien distincts les uns des autres sur toute leur longueur.

Dans le pied, il y a aussi trois principaux muscles fléchisseurs des doigts ou des orteils, et trois principaux extenseurs ; mais un extenseur et un fléchisseur sont des muscles courts ; c'est-à-dire que leurs parties charnues ne sont pas situées dans la jambe (qui correspond au bras), mais dans le dos et dans la plante du pied, régions qui correspondent au dos et à la paume de la main.

En outre, les tendons du long fléchisseur des orteils et du long fléchisseur du gros orteil, lorsqu'ils arrivent à la plante du pied, ne restent pas distincts les uns des autres, comme le font les fléchisseurs de la paume de la main. mais ils s'unissent et se mélangent d'une manière très curieuse, tandis que leurs tendons unis reçoivent un muscle accessoire relié à l'os du talon.

Mais peut-être le caractère le plus distinctif des muscles du pied est l'existence de ce qu'on appelle le « long péronier », un long muscle fixé à l'os externe de la jambe et envoyant son tendon à la cheville externe, derrière et au-dessous. qu'il passe, puis traverse le pied obliquement pour se fixer à la base du gros orteil. Aucun muscle de la main ne correspond exactement à celui-ci, qui est éminemment un muscle du pied.

En résumé, le pied de l'homme se distingue de sa main par les différences anatomiques absolues suivantes :

1. Par la disposition des os du tarse.

2. En ayant un court fléchisseur et un court extenseur des chiffres.

3° En possédant le muscle appelé « long péronier ».

Et si l'on veut savoir si la division terminale d'un membre, chez d'autres Primates, doit être appelée pied ou main, c'est par la présence ou l'absence de ces caractères qu'il faut se guider, et non par les simples proportions. et une mobilité plus ou moins grande du gros orteil, qui peut varier indéfiniment sans altération fondamentale de la structure du pied.

En gardant ces considérations à l'esprit, tournons-nous maintenant vers les membres du gorille. La division terminale du membre antérieur ne présente aucune difficulté : os pour os et muscle pour muscle sont disposés essentiellement comme chez l'homme, ou avec des différences mineures que

l'on trouve comme variétés chez l'homme. La main du gorille est plus lourde,
plus lourde et son pouce est un peu plus court en proportion que celui de
l'homme ; mais personne n'a jamais douté que ce soit une vraie main.

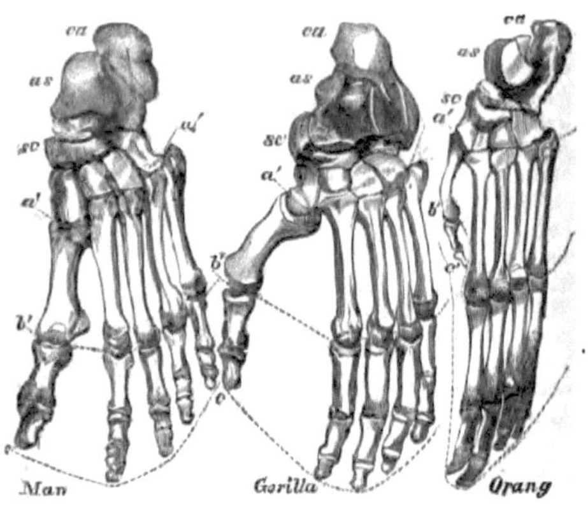

Fig. 20.—Foot of Man, Gorilla, and Orang-Utan of the same absolute
length, to show the differences in proportion of each. Letters as in Fig. 19.
Reduced from original drawings by Mr. Waterhouse Hawkins.

À première vue, la terminaison du membre postérieur du gorille ressemble
beaucoup à une main, et comme c'est encore plus le cas chez beaucoup de
singes inférieurs, il n'est pas étonnant que l'appellation "Quadrumana", ou
créatures à quatre mains , adopté des anatomistes plus anciens 5 par
Blumenbach, et malheureusement rendu courant par Cuvier, aurait dû être
aussi largement accepté comme nom pour le groupe simien. Mais l'étude
anatomique la plus superficielle prouve immédiatement que la ressemblance
de ce qu'on appelle la "main postérieure" avec une vraie main n'est que
superficielle et que, à tous égards essentiels, le membre postérieur du gorille
est aussi véritablement terminé par un pied comme celui de l'homme. Les os
du tarse, dans toutes les circonstances importantes de nombre, de disposition
et de forme, ressemblent à ceux de l'homme (fig. 19). Les métatarsiens et les
doigts, en revanche, sont proportionnellement plus longs et plus minces ,
tandis que le gros orteil est non seulement proportionnellement plus court et
plus faible, mais son os métatarsien est uni par une articulation plus mobile
avec le tarse. Dans le même temps, le pied est placé plus obliquement sur la
jambe que chez l'homme.

à Buffon l'invention du terme « quadrumanous », bien que « himanous »
puisse lui appartenir. Tyson utilise « Quadrumanus » à plusieurs endroits,
comme à la p. 91.... "Notre ' Pygmée ' n'est ni un homme, ni encore un 'singe
commun', mais une sorte d''animal' entre les deux ; et bien qu'il soit un
'bipède', il est néanmoins du genre ' Quadrumanus ' : bien que certains On a
également observé que les « hommes » utilisaient leurs « pieds » comme des
« mains », comme j'en ai vu plusieurs. »

Quant aux muscles, il y a un court fléchisseur, un court extenseur et un « long péronier », tandis que les tendons des longs fléchisseurs du gros orteil et des autres orteils sont réunis entre eux et par un faisceau charnu accessoire.

Le membre postérieur du Gorille se termine donc par un vrai pied, avec un gros orteil très mobile. C'est bien un pied préhensile, mais ce n'est en aucun cas une main : c'est un pied qui diffère de celui de l'homme non par aucun caractère fondamental, mais par de simples proportions, par le degré de mobilité et par la disposition secondaire de ses pieds. les pièces.

Mais il ne faut pas croire, parce que je considère ces différences comme non fondamentales, que je souhaite en sous-estimer la valeur. Ils sont assez importants à leur manière, la structure du pied étant dans chaque cas en étroite corrélation avec celle du reste de l'organisme. Il n'est pas non plus douteux que la plus grande division du travail physiologique chez l'homme, de telle sorte que la fonction de soutien soit entièrement confiée à la jambe et au pied, constitue un progrès dans l'organisation d'une très grande importance pour lui ; mais, après tout, vues anatomiquement, les ressemblances entre le pied de l'homme et celui du gorille sont bien plus frappantes et plus importantes que les différences.

J'ai longuement insisté sur ce point, parce que c'est un point sur lequel prédominent beaucoup d'illusions ; mais j'aurais pu le passer sans préjudice de mon argument, qui m'oblige seulement à montrer que, quelles que soient les différences entre la main et le pied de l'homme et ceux du gorille, les différences entre ceux du gorille et ceux du gorille. des singes inférieurs sont beaucoup plus grands.

Il n'est pas nécessaire de descendre plus bas dans l'échelle que l'Orang pour avoir une preuve concluante sur ce point.

Le pouce de l'Orang diffère plus de celui du Gorille que le pouce du Gorille ne diffère de celui de l'Homme, non seulement par sa petite taille, mais par l'absence de tout muscle fléchisseur long spécial. Le carpe de l'Orang, comme celui de la plupart des singes inférieurs , contient neuf os, tandis que chez le Gorille, comme chez l'Homme et le Chimpanzé, il n'y en a que huit.

Le pied de l'Orang (fig. 19) est encore plus aberrant ; ses orteils très longs et son tarse court, son gros orteil court, son talon court et relevé, sa grande obliquité d'articulation dans la jambe et l'absence d'un long tendon fléchisseur du gros orteil, le séparant beaucoup plus largement du pied du gorille que le cette dernière est séparée de celle de l'Homme.

Mais chez certains singes inférieurs, la main et le pied s'écartent encore plus de ceux du gorille que chez l'orang. Le pouce cesse d'être opposable chez les singes américains ; est réduit à un simple rudiment recouvert par la peau du Singe-Araignée ; et est dirigé vers l'avant et armé d'une griffe incurvée comme les autres doigts chez les Ouistitis, de sorte que, dans tous ces cas, il ne peut y avoir aucun doute que la main est plus différente de celle du gorille que la main du gorille ne l'est de celle du gorille. Celui de l'homme.

Et quant au pied, le gros orteil du Ouistiti est encore plus insignifiant en proportion que celui de l'Orang, tandis que chez les Lémuriens il est très grand, et aussi complètement en forme de pouce et opposable que chez le Gorille, mais chez ces animaux le deuxième orteil est souvent modifié de manière irrégulière, et chez certaines espèces, les deux principaux os du tarse, l'astragale et le os calcis ', sont si immensément allongés qu'ils rendent le pied, jusqu'à présent, totalement différent de celui de tout autre mammifère.

Donc en ce qui concerne les muscles. Le court fléchisseur des orteils du gorille diffère de celui de l'homme par le fait qu'une partie du muscle est attachée, non à l'os du talon, mais aux tendons des longs fléchisseurs. Les singes inférieurs s'écartent du gorille par une exagération du même caractère, deux, trois ou davantage de lamelles se fixant aux longs tendons fléchisseurs, ou par une multiplication des lamelles. Encore une fois, le gorille diffère légèrement de l'homme dans la Mode d'entrelacement des longs tendons fléchisseurs : et les singes inférieurs diffèrent du gorille en présentant encore d'autres arrangements, parfois très complexes, des mêmes parties, et parfois en l'absence du faisceau charnu accessoire.

A travers toutes ces modifications, il faut se rappeler que le pied ne perd aucun de ses caractères essentiels. Chaque singe et lémurien présente la disposition caractéristique des os du tarse, possède un muscle fléchisseur et extenseur court, ainsi qu'un « long péronier ». Si variées que soient les proportions et l'aspect de l'organe, la division terminale du membre postérieur reste, dans le plan et le principe de construction, un pied, et ne peut jamais, sous ce rapport, être confondue avec une main.

Il n'existe donc pratiquement aucune partie de la structure corporelle qui puisse être mieux calculée pour illustrer la vérité selon laquelle les différences structurelles entre l'homme et le singe le plus élevé ont moins de valeur que celles entre les singes les plus élevés et les singes inférieurs, que la main ou le pied. et pourtant, il existe peut-être un organe dont l'étude renforce la même conclusion d'une manière encore plus frappante : c'est le cerveau.

Mais avant d'aborder la question précise de l'ampleur de la différence entre le cerveau du singe et celui de l'homme, il est nécessaire que nous comprenions clairement ce qui constitue une grande et une petite différence dans la structure cérébrale ; et nous y parviendrons le mieux par une brève étude des principales modifications que présente le cerveau dans la série des animaux vertébrés.

Le cerveau d'un poisson est très petit, comparé à la moelle épinière dans laquelle il se prolonge et aux nerfs qui en sortent : des segments qui le composent, les lobes olfactifs, l'hémisphère cérébral et les segments suivants. les divisions : personne ne prédomine suffisamment sur les autres au point de les obscurcir ou de les couvrir ; et les soi-disant lobes optiques sont souvent les plus grandes masses de toutes. Chez les reptiles, la masse du cerveau, par rapport à la moelle épinière, augmente et les hémisphères cérébraux commencent à prédominer sur les autres parties ; tandis que chez les Oiseaux, cette prédominance est encore plus marquée. Le cerveau des mammifères les plus inférieurs, tels que l'ornithorynque à bec de canard, les opossums et les kangourous, présente une progression encore plus nette dans la même direction. Les hémisphères cérébraux ont maintenant tellement augmenté en taille qu'ils cachent plus ou moins les représentants des lobes optiques, qui restent relativement petits, de sorte que le cerveau d'un marsupial est extrêmement différent de celui d'un oiseau, d'un reptile ou d'un poisson. . A un échelon supérieur dans l'échelle, chez les mammifères placentaires, la structure du cerveau acquiert une vaste modification, non qu'elle paraisse très altérée extérieurement, chez un rat ou chez un lapin, par rapport à ce qu'elle est chez un marsupial, ni que les proportions soient très modifiées. de ses parties sont très modifiées, mais une structure apparemment nouvelle se trouve entre les hémisphères cérébraux, les reliant entre eux, comme ce qu'on appelle la « grande commissure » ou « corps calleux ». Le sujet nécessite une nouvelle enquête minutieuse, mais si les affirmations actuellement reçues sont exactes, l'apparition du « corps calleux » chez les mammifères placentaires est la modification la plus importante et la plus soudaine manifestée par le cerveau chez toute la série des animaux vertébrés. le plus grand progrès jamais réalisé par la nature dans son travail cérébral. Car les deux moitiés du cerveau étant une fois ainsi liées, le progrès de la complexité cérébrale peut être suivi à travers une série complète d'étapes depuis le rongeur le plus bas, ou insectivore, jusqu'à l'homme ; et cette complexité consiste principalement dans le développement disproportionné des hémisphères cérébraux et du cervelet, mais surtout du premier, par rapport aux autres parties du cerveau.

Chez les mammifères placentaires inférieurs, les hémisphères cérébraux laissent la face supérieure et postérieure appropriée du cervelet complètement visible, lorsque le cerveau est vu de dessus ; mais, dans les formes supérieures, la partie postérieure de chaque hémisphère, séparée seulement par la tente (p. 281) de la face antérieure du cervelet, s'incline en arrière et en bas, et se développe, comme ce qu'on appelle le « lobe postérieur ». " pour enfin chevaucher et cacher le cervelet. Chez tous les mammifères, chaque hémisphère cérébral contient une cavité appelée « ventricule », et comme ce ventricule se prolonge, d'une part vers l'avant et de l'autre vers le bas, dans la substance de l'hémisphère, on dit qu'il a deux cornes ou ' cornua'

, une ' cornu antérieure ' et une ' cornu descendante '. Lorsque le lobe postérieur est bien développé, un troisième prolongement de la cavité ventriculaire s'y prolonge et est appelé « corne postérieure ».

Dans les formes inférieures et plus petites des mammifères placentaires, la surface des hémisphères cérébraux est soit lisse, soit uniformément arrondie, ou présente très peu de sillons, techniquement appelés « sillons », séparant les crêtes ou « circonvolutions » de la substance du cerveau ; et les espèces plus petites de tous les ordres ont tendance à avoir un cerveau semblable. Mais, dans les ordres supérieurs, et surtout chez les plus grands membres de ces ordres, les sillons, ou sulci, deviennent extrêmement nombreux, et les circonvolutions intermédiaires proportionnellement plus compliquées dans leurs méandres, jusqu'à ce que, chez l'Éléphant, le Marsouin, les Singes supérieurs, et chez l'Homme, la surface cérébrale apparaît comme un parfait labyrinthe de replis tortueux .

Lorsqu'un lobe postérieur existe et présente sa cavité habituelle - la corne postérieure - il arrive couramment qu'un sillon particulier apparaisse sur la surface interne et inférieure du lobe, parallèlement et sous le plancher de la corne - qui est, pour ainsi dire, voûté sur le toit du sulcus. C'est comme si la rainure avait été formée en indentant le plancher de la corne postérieure de l'extérieur avec un instrument contondant, de sorte que le plancher s'élève comme une éminence convexe. Or, cette éminence est ce qu'on a appelé « l'Hippocampe mineur » ; le « Hippocampus major » étant une éminence plus grande dans le plancher de la corne descendante . Quelle peut être l'importance fonctionnelle de l'une ou l'autre de ces structures, nous ne le savons pas.

Comme pour démontrer, par un exemple frappant, l'impossibilité d'ériger une quelconque barrière cérébrale entre l'homme et les singes, la nature nous a fourni, chez ces derniers animaux, une série presque complète de gradations partant de cerveaux à peine plus élevés que celui d'un rongeur . à un cerveau à peine inférieur à celui de l'Homme. Et c'est une circonstance remarquable que, bien que, dans la mesure où s'étendent nos connaissances actuelles, il y ait une véritable rupture structurelle dans la série des formes du cerveau simien, ce hiatus ne se situe pas entre l'homme et les singes semblables à l'homme, mais entre les Simiens inférieurs et inférieurs ; ou, en d'autres termes, entre les singes de l'ancien et du nouveau monde et les lémuriens. En effet, tout Lémurien qui a été examiné jusqu'à présent a son cervelet partiellement visible d'en haut et son lobe postérieur, avec la corne postérieure et l'hippocampe mineur contenus, plus ou moins rudimentaires. Tout Ouistiti, singe américain, singe du vieux monde, babouin ou singe semblable à l'homme, au contraire, a son cervelet entièrement caché, en arrière, par les lobes cérébraux, et possède une grande corne postérieure, avec un hippocampe mineur bien développé. .

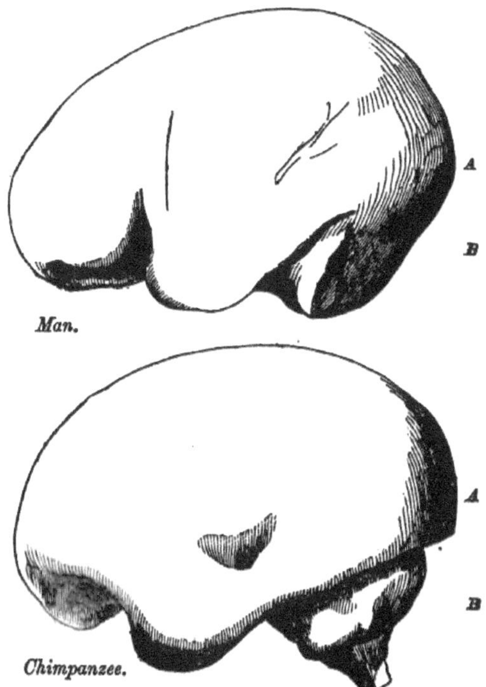

Fig. 21.—Drawings of the internal casts of a Man's and of a Chimpanzee's skull, of the same absolute length, and placed in corresponding positions, *A*. Cerebrum ; *B*. Cerebellum. The former drawing is taken from a cast in the Museum of the Royal College of Surgeons, the latter from the photograph

Chez beaucoup de ces créatures, comme le Saimiri (« Chrysothrix »), les lobes cérébraux se chevauchent et s'étendent beaucoup plus loin derrière le cervelet, en proportion, que chez l'homme (fig. 16) - et il est tout à fait certain que, chez Le cervelet est entièrement recouvert en arrière par des lobes postérieurs bien développés. Le fait peut être vérifié par quiconque possède le crâne d'un singe de l'ancien ou du nouveau monde. Car, dans la mesure où le cerveau de tous les mammifères remplit complètement la cavité crânienne, il est évident qu'un moulage de l'intérieur du crâne reproduira la forme générale du cerveau, en tout cas avec une telle minutie et, pour le présent propos, tout à fait. différences sans importance pouvant résulter de l'absence des membranes enveloppantes du cerveau dans le crâne sec. Mais si un tel moulage est réalisé en plâtre et comparé à un moulage similaire de l'intérieur d'un crâne humain, il sera évident que le moulage de la chambre cérébrale, représentant le cerveau du singe, recouvre et chevauche complètement le corps. moulage de la chambre cérébelleuse, représentant le cervelet, comme c'est le cas chez l'homme (Fig. 20). Un observateur imprudent, oubliant qu'une structure molle comme le cerveau perd sa forme au moment où elle est retirée du crâne, peut en effet prendre l'état découvert du cervelet d'un cerveau extrait et déformé pour les relations naturelles des parties ; mais son erreur doit devenir manifeste même pour lui-même s'il essaie de remplacer le cerveau dans la chambre crânienne. Supposer que le cervelet d'un singe est naturellement découvert derrière est un malentendu comparable seulement à celui de celui qui s'imaginerait que les poumons d'un homme n'occupent toujours qu'une petite partie de la cavité thoracique, parce qu'ils le font lorsque la poitrine est ouverte, et leur élasticité n'est plus neutralisée par la pression de l'air.

Et l'erreur est d'autant moins excusable qu'elle doit apparaître à quiconque examine une section du crâne d'un singe quelconque au-dessus d'un lémurien, sans prendre la peine d'en faire un moulage. Car il y a un sillon très marqué dans chacun de ces crânes, comme dans le crâne humain, qui indique la ligne d'attache de ce qu'on appelle le « tentorium », une sorte d'étagère ou de cloison en forme de parchemin qui, dans l'état récent , est interposé entre le cerveau et le cervelet, et empêche le premier d'appuyer sur le second. (Voir Fig. 16.)

Ce sillon indique donc la ligne de séparation entre la partie de la cavité crânienne qui contient le cerveau et celle qui contient le cervelet ; et comme le cerveau remplit exactement la cavité du crâne, il est évident que les relations de ces deux parties de la cavité crânienne nous renseignent immédiatement sur les relations de leur contenu. Or, chez l'homme, dans tous les Simies de l'ancien monde et du nouveau monde , à une exception près, lorsque la face est dirigée vers l'avant, cette ligne d'attache de la tentoire, ou empreinte du sinus latéral, comme elle est techniquement appelé, est presque horizontal et la chambre cérébrale chevauche ou fait invariablement saillie derrière la chambre cérébelleuse. Chez le Singe hurleur ou « Mycètes » (voir fig. 16), la ligne passe obliquement vers le haut et vers l'arrière, et le chevauchement cérébral est presque nul ; tandis que chez les Lémuriens, comme chez les mammifères inférieurs, la ligne est beaucoup plus inclinée dans la même direction, et la chambre cérébelleuse dépasse considérablement la chambre cérébrale.

Lorsque les erreurs les plus graves sur des points aussi faciles à régler que cette question concernant les lobes postérieurs peuvent être exposées avec autorité, il n'est pas étonnant que les questions d'observation, d'un caractère peu complexe, mais exigeant néanmoins un certain soin, aient eu un sort pire. Quiconque ne peut pas voir le lobe postérieur dans le cerveau d'un singe n'est pas susceptible de donner une opinion très valable concernant la corne postérieure ou le petit hippocampe. Si un homme ne peut pas voir une église, il est absurde de prendre son opinion sur son retable ou sa fenêtre peinte - de sorte que je ne me sens pas obligé d'entrer dans une discussion sur ces points, mais me contente d'assurer au lecteur que l'image postérieure cornu et l'hippocampe mineur, ont maintenant été observés - généralement au moins aussi bien développés que chez l'homme, et souvent mieux - non seulement chez le chimpanzé, l'orang et le gibbon, mais dans tous les genres de babouins et de babouins de l'ancien monde. les singes, et dans la plupart des formes du nouveau monde, y compris les Ouistitis.

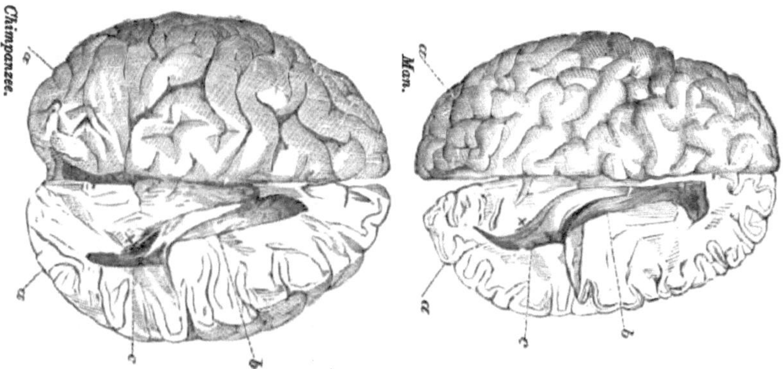

Fig. 22.—Drawings of the cerebral hemispheres of a Man and of a Chimpanzee of the same length, in order to show the relative proportions of the parts; the former taken from a specimen, which Mr. Flower, Conservator of the Museum of the Royal College of Surgeons, was good enough to dissect for me; the latter, from the photograph of a similarly dissected Chimpanzee's brain, given in Mr. Marshall's paper above referred to. *a*, posterior lobe; *b*, lateral ventricle; *c*, posterior cornu; *x*, the hippocampus minor.

En fait, toutes les preuves abondantes et fiables (constituées des résultats d'investigations minutieuses dirigées vers la détermination de ces mêmes questions, par des anatomistes qualifiés) que nous possédons maintenant, conduisent à la conviction que, si loin du lobe postérieur, le lobe postérieur cornu et l'hippocampe mineur, étant des structures particulières et caractéristiques de l'homme, comme on l'a maintes fois affirmé, même après la publication de la démonstration la plus claire du contraire, ce sont précisément ces structures qui sont les plus marquées. caractères cérébraux communs à l'homme et aux singes. Ils font partie des particularités simiennes les plus distinctes que présente l'organisme humain.

Quant aux circonvolutions, le cerveau des singes présente tous les degrés de progrès, depuis le cerveau presque lisse du Ouistiti jusqu'à l'Orang et le Chimpanzé, qui ne sont que peu inférieurs à l'Homme. Et il est très remarquable que, dès que tous les sillons principaux apparaissent, le modèle selon lequel ils sont disposés est identique à celui des sillons correspondants de l'homme. La surface du cerveau d'un singe présente une sorte de schéma squelettique de celui de l'homme , et chez les singes ressemblant à des hommes, les détails deviennent de plus en plus remplis, jusqu'à ce qu'il ne s'agisse que de caractères mineurs, comme la plus grande excavation des lobes antérieurs. , la présence constante de fissures habituellement absentes chez l'homme, et la disposition et proportions différentes de certaines circonvolutions, qui permettent de distinguer structurellement le cerveau du chimpanzé ou de l'orang de celui de l'homme.

En ce qui concerne la structure cérébrale, il est donc clair que l'homme diffère moins du chimpanzé ou de l'orang que ceux-ci ne diffèrent même des singes, et que la différence entre le cerveau du chimpanzé et celui de l'homme est presque insignifiante, si on les compare. avec celui entre le cerveau du chimpanzé et celui du lémurien.

Il ne faut cependant pas négliger qu'il existe une différence très frappante en termes de masse et de poids absolus entre le cerveau humain le plus bas et celui du singe le plus élevé - une différence qui est d'autant plus remarquable si l'on se souvient qu'un gorille adulte est probablement presque deux fois plus lourd qu'un homme de Bosjes ou qu'une femme européenne. On peut douter qu'un cerveau adulte humain en bonne santé ait jamais pesé moins de trente et une ou deux onces, ou que le cerveau de gorille le plus lourd ait dépassé vingt onces.

C'est là une circonstance très remarquable, et qui contribuera sans doute un jour à fournir une explication du grand abîme qui s'interpose entre l'homme le plus bas et le singe le plus élevé en puissance intellectuelle ; mais elle a peu de valeur systématique, pour la simple raison que, comme on peut le conclure de ce qui a déjà été dit concernant la capacité crânienne, la différence de poids du cerveau entre les hommes les plus élevés et les plus bas est bien plus grande, tant relativement qu'absolument. que celle entre l'homme le plus bas et le singe le plus élevé. Cette dernière, comme on l'a vu, est représentée par, disons, douze onces de substance cérébrale absolument, ou par 32:20 relativement ; mais comme le plus gros cerveau humain enregistré pesait entre 65 et 66 onces, la première différence est représentée par plus de 33 onces en absolu, ou par 65:32 en relative. Considérées systématiquement, les différences cérébrales entre l'homme et le singe n'ont qu'une valeur générique ; sa distinction familiale reposant principalement sur sa dentition, son bassin et ses membres inférieurs.

Un homme né muet, malgré sa grande masse cérébrale et son héritage de forts instincts intellectuels, serait capable de peu de manifestations intellectuelles plus élevées qu'un orang ou un chimpanzé, s'il était confiné à la société d'associés muets. Et pourtant, il n'y a peut-être pas la moindre différence perceptible entre son cerveau et celui d'une personne très intelligente et cultivée. Le mutisme peut être le résultat d'une structure défectueuse de la bouche ou de la langue, ou d'une simple innervation défectueuse de ces parties ; ou bien cela pourrait résulter d'une surdité congénitale, causée par quelque léger défaut de l'oreille interne, que seul un anatomiste attentif pourrait découvrir.

L'argument selon lequel, parce qu'il y a une immense différence entre l'intelligence d'un homme et celle d'un singe, il doit donc y avoir une différence tout aussi immense entre leurs cerveaux, me semble à peu près aussi bien fondé que le raisonnement par lequel on devrait s'efforcer de prouver que , parce qu'il y a un "grand fossé" entre une montre qui garde l'heure exacte et une autre qui ne marche pas du tout, il y a donc un grand hiatus structurel entre les deux montres. Un cheveu dans le balancier, un peu de rouille sur un pignon, une courbure dans une dent de l'échappement, quelque chose de si léger que seul l'œil exercé de l'horloger peut le découvrir, peuvent être la source de toute la différence.

Et croyant, comme je le fais avec Cuvier, que la possession d'un langage articulé est le grand caractère distinctif de l'homme (qu'il lui soit absolument particulier ou non), je trouve très facile de comprendre qu'une différence structurelle tout aussi discrète puisse ont été la cause principale de la divergence incommensurable et pratiquement infinie entre l'humain et les Stirps simiens.

Ainsi, quel que soit le système d'organes étudié, la comparaison de leurs modifications dans la série des singes conduit à un seul et même résultat : que les différences structurelles qui séparent l'Homme du Gorille et du Chimpanzé ne sont pas aussi grandes que celles qui séparent le Gorille de l'Homme. les singes inférieurs.

Mais en énonçant cette vérité importante, je dois me garder d'une forme de malentendu, qui est très répandue. Je trouve, en fait, que ceux qui s'efforcent d'enseigner ce que la nature nous montre si clairement en la matière risquent de voir leurs opinions déformées et leur phraséologie brouillée, jusqu'à ce qu'ils semblent dire que les différences structurelles entre l'homme et même les singes les plus élevés. sont petits et insignifiants. Permettez-moi donc de profiter de cette occasion pour affirmer distinctement, au contraire, qu'ils sont grands et significatifs ; que chaque os d'un gorille porte des marques par lesquelles il pourrait être distingué de l'os correspondant d'un homme ; et que, dans la création actuelle, en tout cas, aucun lien intermédiaire ne comble le fossé entre « Homo » et « Troglodytes ».

Il serait tout aussi erroné qu'absurde de nier l'existence de ce gouffre ; mais il est au moins également erroné et absurde d'en exagérer l'ampleur et, en s'appuyant sur le fait admis de son existence, de refuser de rechercher si elle est large ou étroite. Rappelez-vous, si vous voulez, qu'il n'existe aucun lien entre l'Homme et le Gorille, mais n'oubliez pas qu'il existe une ligne de démarcation non moins nette, une absence non moins totale de toute forme transitionnelle, entre le Gorille et l'Orang . ou l'Orang et le Gibbon. Je dis, pas moins pointu, bien qu'il soit un peu plus étroit. Les différences structurelles entre l'Homme et les singes semblables à l'Homme justifient certainement que nous le considérions comme constituant une famille distincte d'eux ; bien que, dans la mesure où il diffère moins d'eux qu'eux des autres familles du même ordre, rien ne justifie de le placer dans un ordre distinct.

Et ainsi la clairvoyance sagace du grand législateur de la zoologie systématique, Linné, se justifie, et un siècle de recherches anatomiques nous ramène à sa conclusion, que l'on est membre du même ordre (pour lequel le terme linnéen PRIMATES devrait être retenus) comme les singes et les lémuriens. Cet ordre est maintenant divisible en sept familles, de valeur systématique à peu près égale : la première, les ANTHROPINI, contient l'Homme seul ; le second, le CATARHINI, embrasse les singes du vieux monde ; le troisième, les PLATYRHINI, tous singes du nouveau monde, à l'exception des Ouistitis ; le quatrième, l'ARCTOPITHECINI, contient les Ouistitis ; le cinquième, les LEMURINI, les Lémuriens, dont « Cheiromys » devrait probablement être exclu pour former une sixième famille distincte, les CHEIROMYINI ; tandis que le septième, le GALEOPITHECINI, ne contient que le lémurien volant « Galeopithecus », forme étrange qui touche presque aux chauves-souris, puisque le « Cheiromys » revêt un vêtement de rongeur, et que les lémuriens simulent des insectivores .

Peut-être aucun ordre de mammifères ne nous présente-t-il une série de gradations aussi extraordinaires que celle-ci, nous conduisant insensiblement depuis la couronne et le sommet de la création animale jusqu'aux créatures, depuis lesquelles il n'y a qu'un pas, semble-t-il, jusqu'au niveau le plus bas, le plus petit. , et le moins intelligent des mammifères placentaires. C'est comme si la nature elle-même avait prévu l'arrogance de l'homme et, avec la sévérité romaine, avait prévu que son intellect, par ses triomphes mêmes, mette en avant les esclaves, avertissant le conquérant qu'il n'est que poussière.

Tels sont les principaux faits, telle est la conclusion immédiate à laquelle j'ai fait allusion au début de cet essai. Les faits, je crois, ne peuvent être contestés ; et si tel est le cas, la conclusion me paraît inévitable.

Mais si l'homme n'est pas séparé des animaux par une barrière structurelle plus grande qu'ils ne le sont les uns des autres, alors il semble s'ensuivre que si un processus de causalité physique peut être découvert par lequel les genres et familles d'animaux ordinaires ont été produits, ce processus La causalité est largement suffisante pour expliquer l'origine de l'Homme. En d'autres termes, s'il pouvait être démontré que les Ouistitis, par exemple, sont apparus par modification graduelle des Platyrhini ordinaires , ou que les Ouisitis et les Platyrhini sont tous deux des ramifications modifiées d'une souche primitive, alors il n'y aurait aucune raison rationnelle de douter. que l'homme pourrait être né, dans un cas, de la modification graduelle d'un singe ressemblant à l'homme ; ou, dans l'autre cas, comme une ramification de la même souche primitive que ces singes.

À l'heure actuelle, aucun de ces processus de causalité physique n'a de preuve en sa faveur ; ou, en d'autres termes, il n'existe qu'une seule hypothèse concernant l'origine des espèces animales en général qui ait une existence scientifique : celle proposée par M. Darwin. Car Lamarck, aussi sagace qu'étaient nombre de ses vues, les mêlait à tant de choses grossières et même absurdes, au point de neutraliser le bénéfice que son originalité aurait pu apporter, s'il avait été un penseur plus sobre et plus prudent ; et bien que j'aie entendu parler de l'annonce d'une formule touchant « le devenir continu ordonné des formes organiques », il est évident que c'est le premier devoir d'une hypothèse d'être intelligible, et qu'une proposition qua-qua-versale de ce genre, qui peut être lu à l'envers, ou en avant, ou de côté, avec exactement la même quantité de signification, n'existe pas réellement, même s'il semble exister.

Par conséquent, à l'heure actuelle, la question des relations de l'homme avec les animaux inférieurs se résout, en fin de compte, dans la question plus vaste de la soutenabilité, ou de l'infériorité des vues de M. Darwin. Mais nous entrons ici dans un terrain difficile, et il nous appartient de définir avec le plus grand soin notre position exacte.

Il ne fait aucun doute, je pense, que M. Darwin a prouvé de manière satisfaisante que ce qu'il appelle sélection, ou modification sélective, doit se produire et se produit effectivement dans la nature ; et il a également prouvé superfluement qu'une telle sélection est compétente pour produire des formes aussi distinctes, structurellement, que le sont même certains genres. Si le monde animé ne nous présentait que des différences structurelles, je n'hésiterais pas à dire que M. Darwin avait démontré l'existence d'une véritable cause physique, amplement compétente pour expliquer l'origine des espèces vivantes, et de l'homme entre autres. .

Mais, en plus de leurs distinctions structurelles, les espèces d'animaux et de plantes, ou du moins un grand nombre d'entre elles, présentent des caractères physiologiques - ce que l'on appelle des espèces distinctes, structurellement, étant pour la plupart soit totalement incompétentes à en reproduire une avec un autre; ou s'ils se reproduisent, le mulet ou l'hybride qui en résulte est incapable de perpétuer sa race avec un autre hybride du même genre.

Une véritable cause physique n'est cependant admise comme telle qu'à une seule condition : qu'elle rende compte de tous les phénomènes qui entrent dans le champ de son action. Si elle est incompatible avec un phénomène donné, elle doit être rejetée ; si elle ne parvient pas à expliquer un phénomène donné, elle est jusqu'à présent faible, jusqu'à présent suspecte ; bien qu'il puisse parfaitement avoir le droit de réclamer une réception provisoire.

Or, à ma connaissance, l'hypothèse de M. Darwin n'est pas incompatible avec un quelconque fait biologique connu ; au contraire, s'ils sont admis, les faits du développement, de l'anatomie comparée, de la répartition géographique et de la paléontologie , s'enchaînent et présentent une signification telle qu'ils n'en ont jamais eu auparavant ; et pour ma part, je suis pleinement convaincu que, si elle n'est pas tout à fait vraie, cette hypothèse est aussi proche de la vérité que, par exemple, l'hypothèse copernicienne l'était de la véritable théorie des mouvements planétaires.

Mais, malgré tout cela, notre acceptation de l'hypothèse darwinienne doit être provisoire tant qu'un maillon de la chaîne des preuves fait défaut ; et aussi longtemps que tous les animaux et plantes certainement produits par sélection sélective à partir d'une souche commune seront fertiles, et que leurs descendants seront fertiles les uns avec les autres, ce lien fera défaut. Car, aussi longtemps que la sélection sélective ne se révélera pas capable de faire tout ce qui lui est demandé pour produire des espèces naturelles.

J'ai soumis cette conclusion avec autant de force que possible au lecteur, parce que la dernière position dans laquelle je souhaite me trouver est celle d'un défenseur des vues de M. Darwin, ou de toute autre opinion - si par avocat on entend quelqu'un dont l'affaire est pour aplanir les difficultés réelles et persuader là où il ne peut pas convaincre.

Cependant, pour rendre justice à M. Darwin, il faut admettre que les conditions de la fécondité et de la stérilité sont très mal comprises et que les progrès quotidiens des connaissances nous amènent à considérer le hiatus de son témoignage comme de moins en moins important, lorsqu'il est mis en évidence. contre la multitude de faits qui s'harmonisent avec ou reçoivent une explication de ses doctrines.

J'adopte donc l'hypothèse de M. Darwin, sous réserve de la preuve que les espèces physiologiques peuvent être produites par reproduction sélective ; tout comme un philosophe physique peut accepter la théorie ondulatoire de la lumière, sous réserve de la preuve de l'existence de l'éther hypothétique ; ou comme le chimiste adopte la théorie atomique, sous réserve de la preuve de l'existence des atomes ; et exactement pour les mêmes raisons, à savoir qu'elle a une immense probabilité prima facie : que c'est le seul moyen actuellement à notre portée de remettre de l'ordre dans le chaos des faits observés ; et enfin, que c'est l'instrument d'investigation le plus puissant qui ait été présenté aux naturalistes depuis l'invention du système naturel de classification et le début de l'étude systématique de l'embryologie.

Mais même en laissant de côté les vues de M. Darwin, toute l'analogie des opérations naturelles fournit un argument si complet et si écrasant contre l'intervention de causes autres que celles qu'on appelle secondaires, dans la production de tous les phénomènes de l'univers ; que, compte tenu des relations intimes entre l'Homme et le reste du monde vivant, et entre les forces exercées par ce dernier et toutes les autres forces, je ne vois aucune excuse pour douter que toutes soient des termes coordonnés de la grande progression de la Nature, depuis le de l'informe au formé – de l'inorganique à l'organique – de la force aveugle à l'intellect et à la volonté conscients.

La science a rempli sa fonction lorsqu'elle a constaté et énoncé la vérité ; et si ces pages s'adressaient uniquement aux hommes de science, je devrais maintenant clore cet essai, sachant que mes collègues ont appris à ne respecter que l'évidence, et à croire que leur plus grand devoir consiste à s'y soumettre, même si elle peut heurter leurs inclinations. .

Mais désireux, comme je le fais, d'atteindre le cercle plus large du public intelligent, ce serait une lâcheté indigne que je fasse abstraction de la répugnance avec laquelle la majorité de mes lecteurs sont susceptibles d'accepter les conclusions auxquelles l'étude la plus minutieuse et la plus consciencieuse que j'ai menée. avoir pu donner sur cette question, m'a conduit.

De tous côtés, j'entendrai le cri : « Nous sommes des hommes et des femmes, pas simplement une meilleure espèce de singes, un peu plus longs dans la jambe, plus compacts dans le pied et plus gros dans le cerveau que vos brutaux chimpanzés et gorilles. La connaissance, la conscience du bien et du mal, la tendresse pitoyable des affections humaines, nous élèvent hors de toute communion réelle avec les brutes, aussi proches qu'elles puissent sembler se rapprocher de nous.

A cela, je ne peux que répondre que l'exclamation serait très juste et aurait toute ma sympathie, si elle était seulement pertinente. Mais ce n'est pas moi qui cherche à fonder la dignité de l'Homme sur son gros orteil, ni à insinuer que nous sommes perdus si un singe a un hippocampe mineur. Au contraire, j'ai fait de mon mieux pour balayer cette vanité. J'ai essayé de montrer qu'aucune ligne de démarcation structurelle absolue, plus large que celle entre les animaux qui nous succèdent immédiatement sur l'échelle, ne peut être tracée entre le monde animal et nous-mêmes ; et je peux ajouter l'expression de ma conviction que la tentative d'établir une distinction psychique est également futile et que même les facultés les plus élevées du sentiment et de l'intellect commencent à germer dans les formes de vie inférieures. En _même_ temps, personne n'est plus fortement convaincu que moi de l'immensité du gouffre qui sépare l'homme civilisé des brutes ; ou il est plus certain que, qu'il soit « d'eux » ou non, il n'est assurément pas « d'eux ». Personne n'est moins disposé à penser à la légère à la dignité présente, ou avec désespoir aux espoirs futurs, du seul habitant de ce monde consciemment intelligent.

Ceux qui assument l'autorité en la matière nous disent en effet que les deux ensembles d'opinions sont incompatibles et que la croyance en l'unité d'origine de l'homme et des bêtes implique la brutalisation et la dégradation des premiers. Mais est-ce vraiment le cas ? Un enfant sensible ne pourrait-il pas réfuter, par des arguments évidents, les rhéteurs superficiels qui voudraient nous imposer cette conclusion ? Est-il en effet vrai que le poète, ou le philosophe, ou l'artiste dont le génie est la gloire de son siècle, est dégradé de sa haute condition par la probabilité historique incontestable, pour ne pas dire la certitude, qu'il est le descendant direct de quelque sauvage nu et bestial, dont l'intelligence était juste suffisante pour le rendre un peu plus rusé que le Renard, et par là bien plus dangereux que le Tigre ? Ou est-il obligé de hurler et de ramper à quatre pattes à cause du fait tout à fait incontestable qu'il était autrefois un œuf, qu'aucun pouvoir de discrimination ordinaire ne pouvait distinguer de celui d'un chien ? Ou bien le philanthrope ou le saint doivent-ils renoncer à leurs efforts pour mener une vie noble, parce que la plus simple étude de la nature humaine révèle, à la base, toutes les passions égoïstes et les appétits féroces du simple quadrupède ? L'amour maternel est-il vil parce qu'une poule le montre, ou la fidélité est-elle basse parce que les chiens le possèdent ?

Le bon sens de la masse de l'humanité répondra à ces questions sans une seconde d'hésitation. L'humanité saine, ayant du mal à échapper au péché et à la dégradation réels, laissera la réflexion sur la pollution spéculative aux cyniques et aux « justes excessifs » qui, en désaccord sur tout le reste, s'unissent dans une insensibilité aveugle à la noblesse du monde visible. et dans l'incapacité d'apprécier la grandeur de la place que l'Homme y occupe.

Bien plus, les hommes réfléchis, une fois échappés aux influences aveuglantes des préjugés traditionnels, trouveront dans la souche humble d'où l'homme est issu, la meilleure preuve de la splendeur de ses capacités ; et discernera dans sa longue progression à travers le passé, un motif raisonnable de foi dans la réalisation d'un avenir plus noble.

Ils se souviendront qu'en comparant l'homme civilisé au monde animal, on est comme le voyageur alpin , qui voit les montagnes s'élever dans le ciel et peut à peine discerner où finissent les rochers profondément ombragés et les pics rosés, et où commencent les nuages du ciel. Le voyageur stupéfait peut sûrement être excusé si, au début, il refuse de croire le géologue, qui lui dit que ces masses glorieuses sont, après tout, la boue durcie des mers primitives, ou les scories refroidies des fourneaux souterrains - d'un substance avec l'argile la plus terne, mais élevée par des forces intérieures à ce lieu de gloire fière et apparemment inaccessible.

Mais le géologue a raison ; et une réflexion approfondie sur ses enseignements, au lieu de diminuer notre respect et notre émerveillement, ajoute toute la force de la sublimité intellectuelle à la simple intuition esthétique du spectateur non instruit.

Et après que les passions et les préjugés se soient éteints, le même résultat accompagnera les enseignements du naturaliste concernant ces grandes Alpes et Andes du monde vivant : l'Homme. Notre respect pour la noblesse de l'humanité ne sera pas atténué par la connaissance que l'homme est, en substance et en structure, un avec les brutes ; car lui seul possède le don merveilleux d'un langage intelligible et rationnel, grâce auquel, au cours de la période séculaire de son existence, il a lentement accumulé et organisé l'expérience qui est presque entièrement perdue avec la cessation de toute vie individuelle chez les autres animaux ; de sorte que maintenant il se tient élevé là-dessus comme au sommet d'une montagne, bien au-dessus du niveau de ses humbles semblables, et transfiguré de sa grande nature en réfléchissant, ici et là, un rayon de la source infinie de la vérité.

«Une histoire succincte de la controverse concernant la structure cérébrale de l'homme et des singes.»

Jusqu'en 1857, tous les anatomistes faisant autorité, qui s'étaient occupés de la structure cérébrale des singes — Cuvier, Tiedemann, Sandifort , Vrolik , Isidore G. St. Hilaire, Schroeder van der Kolk, Gratiolet — étaient d'accord sur le fait que le cerveau de les Singes possèdent une ÉLOGE POSTÉRIEURE.

Tiedemann, en 1825, a figuré et reconnu dans le texte de ses ' Icones ' l'existence de la CORNE POSTÉRIEURE du ventricule latéral chez les Singes, non seulement sous le titre de ' Scrobiculus' . parvus loco cornu posterioris '-un fait qui a été exhibé-mais comme ' cornu posterius » (« Icones », p. 54), circonstance qui a été, avec autant de soin, tenue au second plan.

Cuvier (' Lecons ', T. iii. p. 103) dit : "les ventricules antérieurs ou latéraux ne possèdent une cavité digitale [cornu postérieure] que chez l'Homme et les Singes... sa présence dépend de celle des lobes postérieurs."

Schroeder van der Kolk et Vrolik , ainsi que Gratiolet , avaient également figuré et décrit la corne postérieure chez divers singes. Quant à l'HIPPOCAMPUS MINOR, Tiedemann avait affirmé à tort son absence chez les singes ; mais Schroeder van der Kolk et Vrolik avaient signalé l'existence de ce qu'ils considéraient comme rudimentaire chez le Chimpanzé, et Gratiolet avait expressément affirmé son existence chez ces animaux. Tel était l'état de nos informations sur ces sujets en 1856.

Cependant, en 1857, le professeur Owen, soit dans l'ignorance de ces faits bien connus, soit dans leur suppression injustifiée, soumit à la Linnaean Society un article "Sur les caractères, les principes de division et les groupes primaires de la classe des mammifères". qui a été imprimé dans le Journal de la Société et contient le passage suivant : « Chez l'homme, le cerveau présente un degré ascendant de développement, plus élevé et plus fortement marqué que celui par lequel la sous-classe précédente se distinguait de celle qui lui était inférieure. Non-seulement les hémisphères cérébraux se chevauchent ainsi que les lobes olfactifs et le cervelet, mais ils s'étendent en avant de l'un et plus en arrière que l'autre : le développement postérieur est si marqué, que les anatomistes ont assigné à cette partie le caractère d'un troisième lobe ; "il est particulier au genre Homo, et tout aussi particulier est la corne postérieure du ventricule latéral et "l'hippocampe mineur", qui caractérisent le lobe postérieur de chaque hémisphère". ii. p. 19.

Comme l'essai dans lequel se trouve ce passage n'avait pas un objectif moins ambitieux que celui de remodeler la classification des mammifères, on pourrait supposer que son auteur a écrit avec un sens particulier de responsabilité et a testé, avec un soin particulier, les déclarations il osa promulguer. Et même si c'est là une attente trop grande, la précipitation ou le manque de possibilité de délibérer en bonne et due forme ne peuvent désormais être invoqués pour atténuer les défauts ; car les propositions citées furent répétées deux ans plus tard dans la conférence Reade, prononcée devant un organe aussi grave que l'Université de Cambridge, en 1859.

Lorsque les affirmations que j'ai mises en italique dans l'extrait ci-dessus me sont venues pour la première fois sous mon attention, je n'ai pas été peu étonné d'une contradiction si flagrante avec les doctrines courantes parmi les anatomistes bien informés ; mais, pensant naturellement que les déclarations délibérées d'une personne responsable devaient avoir quelque fondement dans les faits, j'ai estimé qu'il était de mon devoir d'examiner à nouveau le sujet avant que le moment où j'aurais à faire une conférence à ce sujet ne soit arrivé. Le résultat de mes recherches a été de prouver que les trois affirmations de M. Owen, selon lesquelles « le troisième lobe, la corne postérieure du ventricule latéral et l'hippocampe mineur » sont « propres au genre « Homo », » sont contraires à cette affirmation . faits les plus clairs. J'ai communiqué cette conclusion aux élèves de ma classe ; puis, n'ayant aucun désir de m'embarquer dans une controverse qui ne pourrait pas faire l' honneur de la science britannique, quelle qu'en soit l'issue, je me tournai vers des occupations plus agréables.

Mais le moment arriva bientôt où persister dans cette réticence m'aurait entraîné dans un indigne penchant pour la vérité.

Lors de la réunion de la British Association à Oxford, en 1860, le professeur Owen répéta ces affirmations en ma présence et, bien entendu, je leur opposai immédiatement une contradiction directe et sans réserve, m'engageant à justifier ailleurs cette procédure inhabituelle. J'ai racheté cet engagement en publiant, dans le numéro de janvier de la « Natural History Review » de 1861, un article dans lequel la vérité des trois propositions suivantes était pleinement démontrée (lcp 71) : —

"1. Que le troisième lobe n'est ni particulier ni caractéristique de l'homme, puisqu'il existe dans tous les quadrumanes supérieurs ."

"2. Que la corne postérieure du ventricule latéral n'est ni particulière ni caractéristique de l'homme, dans la mesure où elle existe également dans les quadrumanes supérieurs ."

"3. Que l'hippocampe mineur n'est ni particulier ni caractéristique de l'homme, comme on le trouve dans certains des quadrumanes supérieurs ."

Par ailleurs, cet article contient le paragraphe suivant (p. 76) : « Et enfin, Schroeder van der Kolk et Vrolik (op. cit. p. 271), bien qu'ils notent particulièrement que « le ventricule latéral se distingue de celui de l'Homme par les proportions très défectueuses de la corne postérieure , dans laquelle seule une bande est visible comme indication de l'hippocampe mineur ; Pourtant, la figure 4, dans leur deuxième planche, montre que cette corne postérieure est une structure parfaitement distincte et indubitable , tout aussi grande qu'elle l'est souvent chez l'homme. Il est d'autant plus remarquable que le professeur Owen ait négligé la déclaration explicite et la figure de ces auteurs, car il est bien évident, après comparaison des figures, que sa gravure sur bois du cerveau d'un chimpanzé (lcp 19) est une copie réduite de la deuxième figure de MM. Schroeder van der Kolk et de la première planche de Vrolik .

le remarque cependant M. Gratiolet (lcp 18), « malheureusement le cerveau qu'ils ont pris pour modèle était très altéré (profondément) . affaisse), d'où la forme générale du cerveau est donnée dans ces planches d'une manière tout à fait incorrecte. En effet, il ressort parfaitement de la comparaison d'une section du crâne du chimpanzé avec ces figures que tel est le cas ; et il est grandement regrettable qu'une figure aussi inadéquate ait été prise comme une représentation typique du cerveau du chimpanzé.

À partir de ce moment-là, l'incapacité de sa position aurait pu être aussi évidente au professeur Owen qu'à tout le monde ; mais, loin de rétracter les graves erreurs dans lesquelles il était tombé, le professeur Owen a persisté et les a réitérées ; d'abord, dans une conférence prononcée devant la Royal Institution le 19 mars 1861, qui est reconnue avoir été fidèlement reproduite dans l'Athenaeum du 23 du même mois, dans une lettre adressée par le professeur Owen à ce journal le 23 du même mois. le 30 mars. Le rapport d'Athenaeum était accompagné d'un diagramme prétendant représenter le cerveau d'un gorille, mais en réalité une fausse déclaration si extraordinaire que le professeur Owen le retire de manière substantielle, bien que non explicite, dans la lettre en question. Cependant, en corrigeant cette erreur, le professeur Owen est tombé dans une autre d'une importance beaucoup plus grave, comme le conclut sa communication par le paragraphe suivant : « Pour la véritable proportion dans laquelle le cerveau recouvre le cervelet chez les singes les plus élevés, il convient de se référer au chiffre du cerveau non disséqué du chimpanzé dans ma « Conférence Reade sur la classification, etc., des mammifères », p. 25, fig. 7, 8 de 1859. »

Il ne serait pas croyable, s'il n'était malheureusement vrai, que ce chiffre, auquel le public confiant se réfère sans un mot de qualification, « pour la véritable proportion dans laquelle le cerveau recouvre le cervelet chez les singes les plus élevés », soit exactement cette copie non reconnue du chiffre de Schroeder van der Kolk et Vrolik dont l'inexactitude totale avait été signalée des années auparavant par Gratiolet et que j'avais portée à la connaissance du professeur Owen par moi-même dans le passage de mon article dans la "Natural History Review" cité plus haut.

J'ai de nouveau attiré l'attention du public sur ce fait dans ma réponse au professeur Owen, publiée dans l'Athenaeum du 13 avril 1861 ; mais la figure éclatée fut reproduite une fois de plus par le professeur Owen, sans la moindre allusion à son inexactitude, dans les « Annals of Natural History » de juin 1861 !

Cela s'est avéré trop pour la patience des auteurs originaux de la figure, MM. Schroeder van der Kolk et Vrolik , qui, dans une note adressée à l'Académie d'Amsterdam, dont ils étaient membres, se sont déclarés, bien que résolument opposants. de toutes les formes de la doctrine du développement progressif, avant tout, amoureux de la vérité : et que, par conséquent, quel que soit le risque de paraître soutenir des vues qui ne leur plaisaient pas, ils estimaient de leur devoir de saisir la première occasion de répudier publiquement L'abus de son autorité par le professeur Owen.

Dans cette note, ils admettaient franchement la justesse des critiques de M. Gratiolet , citées plus haut, et ils illustraient, par des figures nouvelles et soignées, le lobe postérieur, la corne postérieure et l'hippocampe mineur de l'Orang. D'ailleurs, après avoir démontré les pièces, à l'une des séances de l'Académie, ils ajoutent : « la présence des parties contestées y a ete élément universel reconnue par les anatomistes présente à la séance. Le seul doute qui soit Reste se rapporte au pes Hippocampi minor.... A l'état frais l'indice du petit pied d'Hippocampe etait plus prononce que maintenant ."

Le professeur Owen a répété ses affirmations erronées lors de la réunion de la British Association en 1861, et encore une fois, sans aucune nécessité évidente et sans ajouter un seul fait nouveau ou un nouvel argument, ni être en mesure de répondre d'une manière ou d'une autre aux preuves écrasantes des dissections originales de De nombreux cerveaux de singes, qui avaient entre-temps été présentés par le professeur Rolleston, [8] FRS, M. Marshall, [9] FRS, M. Flower, [10] M. Turner, [11] et moi-même, [12] , ont relancé le sujet lors de la réunion de Cambridge de le même organisme en 1862. Non content du rejet assez vigoureux que ces procédures sans précédent rencontrèrent dans la section D, le professeur Owen autorisa la publication d'une version de ses propres déclarations, accompagnée d'une étrange déformation de ma part (comme on peut le voir par comparaison du rapport de la discussion du 'Times'), dans le 'Medical Times' du 11 octobre 1862. Je soumets la conclusion de ma réponse dans le même journal du 25 octobre.

"S'il s'agissait d'une question d'opinion, ou d'une question d'interprétation de parties ou de termes, si c'était même une question d'observation dans laquelle le témoignage de mes propres sens seul était opposé à celui d'une autre personne, j'adopterais une attitude très Je devrais, en toute humilité, admettre la probabilité que j'aie moi-même commis une erreur de jugement, échoué dans mes connaissances ou été aveuglé par des préjugés.

"Mais personne ne prétend maintenant que la controverse porte sur des termes ou des opinions. Aussi nouvelles et dénuées d'autorité que certaines des définitions proposées par le professeur Owen aient pu l'être, elles pourraient être acceptées sans changer les grands aspects de l'affaire. Par conséquent, bien que des enquêtes spéciales sur ces questions ont été entreprises au cours des deux dernières années par le Dr Allen Thomson, par le Dr Rolleston, par M. Marshall et par M. Flower, tous, comme vous le savez, des anatomistes réputés dans ce pays, et par les professeurs Schroeder Van der Kolk et Vrolik (que le professeur Owen a imprudemment tenté de mettre à son service) sur le continent, tous ces observateurs compétents et consciencieux ont testé d'un commun accord l'exactitude de mes déclarations et l'absence totale de fondement de mes déclarations. Même le vénérable Rudolph Wagner, que personne n'accuse de penchants progressistes, a élevé la voix du même côté, tandis qu'aucun anatomiste, grand ou petit, n'a soutenu le professeur Owen.

"Maintenant, je ne veux pas suggérer que les divergences scientifiques devraient être réglées par le suffrage universel, mais je me rends compte que des preuves solides doivent être confrontées à quelque chose de plus que des affirmations creuses et sans fondement. Pourtant, au cours des deux années que cette controverse absurde a traîné Dans sa longueur lassante, le professeur Owen n'a pas osé présenter un seul texte pour étayer scs affirmations souvent répétées.

« L'affaire est donc la suivante : non seulement les déclarations que j'ai faites sont en accord avec les doctrines des meilleures autorités anciennes et avec celles de tous les enquêteurs récents, mais je suis tout à fait prêt à les démontrer sur le premier singe qui vient. à portée de main ; tandis que les affirmations du professeur Owen sont non seulement diamétralement opposées aux autorités anciennes et nouvelles, mais il n'a pas produit, et, j'ajouterai, ne peut pas produire, une seule préparation qui les justifie "

Je laisse maintenant ce sujet pour le moment : pour le mérite de ma vocation, je serais heureux de garder désormais le silence à jamais sur ce sujet. Mais, malheureusement, c'est une question sur laquelle, après tout ce qui s'est passé, aucune erreur ni confusion de termes n'est possible – et en affirmant que le lobe postérieur, la corne postérieure et le petit hippocampe existent chez certains singes, j'affirme soit ce qui est vrai, soit ce que je dois savoir être faux. La question est alors devenue une question de véracité personnelle. Pour ma part, je n'accepterai aucune autre question que celle-ci, aussi grave soit-elle, pour la controverse actuelle.

NOTES DE BAS DE PAGE :

1 [On comprendra que, dans l'essai précédent, j'ai choisi parmi la vaste masse d'articles qui ont été écrits sur les singes ressemblant à des hommes, seulement ceux qui me semblent avoir une importance particulière.

2 [Nous ne connaissons pas encore complètement le cerveau du gorille et, par conséquent, en discutant des caractères cérébraux, je prendrai celui du chimpanzé comme mon terme le plus élevé parmi les singes.]

3 ["Plus d'une fois", dit Peter Camper, "ai-je rencontré plus de six vertèbres lombaires chez l'homme... Une fois, j'ai trouvé treize côtes et quatre vertèbres lombaires." Fallopius a noté treize paires de côtes et seulement quatre vertèbres lombaires ; et Eustachius trouva autrefois onze vertèbres dorsales et six vertèbres lombaires . — 'Œuvres de Pierre Camper', T. 1, p. 42. Comme le déclare Tyson, son « Pygmée » avait treize paires de côtes et cinq vertèbres lombaires. La question des courbures de la colonne vertébrale chez les Singes nécessite des investigations plus approfondies.]

4 [On a affirmé que les crânes hindous contiennent parfois aussi peu que 27 onces d'eau, ce qui donnerait une capacité d'environ 46 pouces cubes. La capacité minimale que j'ai supposée ci-dessus est cependant basée sur les précieux tableaux publiés par le professeur R. Wagner dans ses " études préliminaires". à un scientifique Morphologie et physiologie humaine _ Cerveaux . " Suite à la pesée minutieuse de plus de 900 cerveaux humains, le professeur Wagner affirme que la moitié pesait entre 1 200 et 1 400 grammes et qu'environ les deux neuvièmes, constitués pour la plupart de cerveaux masculins, dépassaient 1 400 grammes. .Le cerveau le plus léger d'un homme adulte, doté de facultés mentales saines, enregistré par Wagner, pesait 1020 grammes. Comme un gramme équivaut à 15,4 grains et qu'un pouce cube d'eau contient 252,4 grains, cela équivaut à 62 pouces cubes d'eau ; donc que, comme le cerveau est plus lourd que l'eau, nous ne pouvons pas pécher par excès de diminution en considérant cette capacité comme la plus petite capacité d'un cerveau humain mâle adulte. Le seul cerveau mâle adulte, pesant aussi peu que 970 grammes, est celui d'un idiot ; mais le cerveau d'une femme adulte, dont rien ne semble contredire la solidité des facultés, ne pesait que 907 grammes (55,3 pouces cubes d'eau) ; et Reid donne un cerveau de femme adulte d'une capacité encore plus petite. Le cerveau le plus lourd (1872 grammes, ou environ 115 pouces cubes) était cependant celle d'une femme ; à côté vient le cerveau de Cuvier (1861 grammes), puis de Byron (1807 grammes), et enfin d'un fou (1783 grammes). Le cerveau adulte le plus léger enregistré (720 grammes) était celui d'une femme idiote. Le cerveau de cinq enfants âgés de quatre ans pesait entre 1 275 et 992 grammes. On peut donc

affirmer avec certitude qu'un enfant européen moyen de quatre ans a un cerveau deux fois plus gros que celui d'un gorille adulte.]

5 [En parlant du pied de son « Pygmée », remarque Tyson, p. 13 : — « Mais cette partie dans la formation et dans sa fonction aussi, étant plus semblable à une main qu'à un pied : pour distinguer cette espèce d'animaux des autres, j'ai pensé si elle ne pourrait pas être comptée et appelée plutôt Quadru - manus que Quadrupes , 'c'est-à-dire' un animal à quatre mains plutôt qu'à quatre pattes. "]

6 [Je dis 'aide' pour fournir : car je ne crois en aucun cas que ce soit une différence originelle de qualité cérébrale ou de quantité qui ait causé cette divergence entre les étriers humains et pithécoïdes, qui a abouti à l'actuel gouffre énorme entre eux . . Il est sans doute parfaitement vrai, dans un certain sens, que toute différence de fonction résulte d'une différence de structure ; ou, en d'autres termes, de différence dans la combinaison des forces moléculaires primaires de la substance vivante ; et, partant de cet axiome indéniable, des objecteurs occasionnels, et avec beaucoup de plausibilité apparente, soutiennent que le vaste gouffre intellectuel entre le singe et l'homme implique un gouffre structurel correspondant dans les organes des fonctions intellectuelles ; de sorte que, dit-on, la non-découverte de si vastes différences prouve, non qu'elles soient absentes, mais que la science est incompétente pour les détecter. Cependant, je pense qu'un très petit examen démontrera l'erreur de ce raisonnement. Sa validité repose sur l'hypothèse selon laquelle le pouvoir intellectuel dépend entièrement du cerveau — alors que le cerveau n'est qu'un état parmi tant d'autres dont dépendent les manifestations intellectuelles ; les autres étant principalement les organes des sens et les appareils moteurs, spécialement ceux qui participent à la préhension et à la production de la parole articulée.]

7 [C'est un plaisir si rare pour moi de trouver les opinions du professeur Owen en parfait accord avec les miennes, que je ne peux m'empêcher de citer un paragraphe qui parut dans son essai "Sur les caractères, etc., de la classe Mammalia", dans le «Journal of the Proceedings of the Linnean Society of London» de 1857, mais il est inexplicablement omis dans la «Reade Lecture» prononcée devant l'Université de Cambridge deux ans plus tard, qui par ailleurs est presque une réimpression de l'article en question. Le professeur Owen écrit : « Ne pas être capable d'apprécier ou de concevoir la distinction entre les phénomènes psychiques d'un chimpanzé et d'un Boschisman ou d'un Aztèque, avec une croissance cérébrale arrêtée, comme étant d'une nature si essentielle qu'elle exclut une comparaison. entre eux, ou comme étant autre chose qu'une différence de degré, je ne peux fermer les yeux sur la signification de cette similitude de structure omniprésente – chaque dent, chaque os, strictement homologue – qui détermine la différence entre « Homo » et ' Pithecus ' la difficulté de l'anatomiste. Il est sûrement un peu

singulier que l'« anatomiste », qui trouve « difficile » de « déterminer la différence » entre « Homo » et « Pithecus », puisse pourtant les classer sur des bases anatomiques, en sous-classes distinctes !]

8 [Sur les affinités du cerveau de l'Orang. 'Naturellement. Hist. Revue', avril 1861.]

9 [Sur le cerveau d'un jeune chimpanzé. 'Ibid.', juillet 1861.]

10 [Sur les lobes postérieurs du cerveau du Quadrumana . «Transactions philosophiques», 1862.]

11 [Sur les relations anatomiques des surfaces du tentorium avec le cerveau et le cervelet chez l'homme et les mammifères inférieurs. 'Actes de la Royal Society of Edinburgh', mars 1862.]

12 [Sur le cerveau d'Ateles. 'Actes de la Société Zoologique', 1861.]